Angeline Bauer

René Prümmel

Radreisen

Alles, was Sie wissen müssen

Unterwegs allein oder in der Gruppe, mit der Familie, mit Baby oder Hund im Anhänger.

Ausführliches Kapitel über die Anreise und Rückführung der Räder im In- und Ausland.

Das richtige Rad, Gepäck und die passenden Utensilien - und vieles mehr.

Impressum

Wenn Ihnen unser Ratgeber gefällt, freuen wir uns über eine positive Bewertung bei Ihrem Internethändler. Sollte Ihnen etwas nicht gefallen oder haben Sie Vorschläge zur Verbesserung, setzen Sie sich bitte mit uns direkt in Verbindung: Für Anregungen stehen wir gerne offen. info@by-arp.de

Inhaltsverzeichnis:

Bitte beachten Sie: *Sämtliche Angaben erfolgen unverbindlich und ohne Gewähr. Wir beziehen uns mit unseren Aussagen auf persönliche Erfahrungen, Recherchen im Internet, sowie Auskünfte der Touristik-Informationen.*

Vorwort

Vorab ein Hinweis: Auch wenn allgemein von E-Bikes gesprochen wird, handelt es sich bei diesen Rädern fast immer um Pedelecs. Ein E-Bike gleicht mehr einem Moped als einem Fahrrad und benötigt ein Nummernschild (!), denn während bei einem Pedelec der Motor bei 25 Stundenkilometern automatisch abschaltet, fährt das E-Bike bis 40 Stundenkilometern mit Motorleistung. Da in vielen Zügen die Mitnahme eines Pedelecs erlaubt ist, die eines E-Bikes aber grundsätzlich nicht, bleiben wir in diesem kleinen Ratgeber bei den fachlich korrekten Ausdrücken. Ein E-Bike ist hier also ein Pedelec.

Als wir zum ersten Mal zu einer Radreise aufbrachen, war das noch lange nicht 'in Mode'. Weder wussten wir, was uns erwartet, noch kannten wir jemanden, der uns Tipps geben konnte. Wir haben uns einfach ins Abenteuer gestürzt und zusammen mit unserem Hund vom 'Kleinen Balaton' aus den ganzen Plattensee umrundet. Wir waren knapp eine Woche unterwegs, haben dabei manches richtig und anderes falsch gemacht.

Wieder zu Hause, war klar: Das war unsere erste aber nicht unsere letzte Radreise, denn es ist einfach schön, auf zwei Rädern unterwegs zu sein und dabei die Natur so 'hautnah' zu erleben! Begriffe wie Entfernung oder Geschwindigkeit bekamen plötzlich eine ganz andere Bedeutung, und ja, es war durchaus auch 'abenteuerlich'!

Zu unserer zweiten Radreise brachen wir bereits etwas selbstbewusster auf. Schließlich hatten wir jetzt schon Erfahrung und das Gefühl, so schnell haut uns nichts mehr um!

Leicht gefehlt, denn auch hier tappten wir wieder in Fallen und machten Fehler.

Inzwischen sind wir auf dem Fahrrad weit herumgekommen und zählen uns zu den Profis – doch das schreibe ich nur unter Vorbehalt. Denn wie heißt es doch so schön: Man lernt niemals aus! Und man weiß ja auch nicht, was einem unterwegs so alles begegnet. Abenteuer eben, wenn auch durchaus kalkulierbar. Dachten wir …

Doch mit der gewonnenen Selbstsicherheit wurden die Strecken, die wir zurücklegten, auch länger, der Radius größer. Im Frühjahr 2019 hatten wir uns eine Europareise von etwa 3000 Kilometern vorgenommen, brachen aber nach 2100 Kilometern am Atlantik in Frankreich ab. Schuld war das Wetter. Wir waren fünf Wochen mit Kälte, Regen, ständigem Gegenwind und in den Alpen für kurze Zeit sogar Schnee konfrontiert. Da die Wetteraussichten weiterhin schlecht waren, wollten wir den Zug nach Hause nehmen - und erlebten unser blaues Wunder, denn eine Rückfahrt mit der Bahn war nicht möglich. Die Rückreise war derart chaotisch, dass wir uns entschlossen, eine Neuauflage unseres Ratgebers mit einem ausführlichen Sonderteil über die Anreisemöglichkeiten zu Startpunkten und die Rückreise nach Hause herauszugeben. Wie immer bringen wir nicht nur eigene Erfahrungen mit ein sondern haben auch andere Radreisende befragt und ausführlich recherchiert.

Dieser Ratgeber soll helfen, eine Radreise zu zweit, mit Hund, in der Gruppe oder mit Kind bestmöglich vorzubereiten. Zu allen wichtigen Fragen gibt er Tipps und Anregungen.

Erste Überlegungen

Allein unterwegs

Auf einer unserer Radreisen trafen wir einen Mann, der allein vom Chiemgau in die Bretagne radelte. Auf unsere Frage, ob ihm das ohne Begleitung auf die Dauer nicht zu langweilig würde, entgegnete er: „Lieber allein unterwegs, als jemanden im Schlepptau zu haben, der quengelt und ständig was anderes möchte. Denn wenn man zu zweit oder gar zu mehreren fährt, muss man ständig auf jemanden Rücksicht nehmen und kann nichts frei entscheiden."

Stimmt. Ein eingefleischter Individualist, der sich nicht anpassen will, den Bedürfnisse eines Mitreisenden eher nerven, der nicht kompromissbereit ist und sich jederzeit frei entscheiden möchte, sollte sich nicht mit anderen Menschen auf so eine Reise begeben. Denn eines ist sicher: Spannungen bleiben nicht aus! Und dann heißt es schon mal zurückstecken, wenn man dem oder den anderen nicht den Urlaub vermiesen möchte.

Radelt man allein, hat das wiegesagt den Vorteil, dass man auf niemanden Rücksicht nehmen muss. Es gibt aber auch Nachteile. Einer davon ist, dass man nur selten ein Einzelzimmer bekommt, also praktisch immer ein Doppelzimmer bezahlen muss. Das kann teuer werden!

Dieses Problem hat unsere Bekanntschaft gelöst, indem er auf Campingplätzen oder auch einfach nur irgendwo im Freien übernachtete. Um alles, was zum Campen nötig ist, bei sich haben zu können, hat er sein Rad entsprechend umgerüstet. An der Lenkradstange hatte er einen Lowrider befestigt, das ist eine Art Gepäckträger. Darauf stellte er eine größere Lenkradtasche ab, in der er alles Wichtige und Wertvolle aufbewahrte, und hängte zwei etwas kleinere Radtaschen ein. Zelt und Schlafsack fanden in einer Zelttasche auf dem Gepäckträger Platz, dazu kamen die beiden größeren Satteltaschen am Hinterrad. So ausgestattet trat er seine sechs- bis achtwöchige Reise an.

Ein weiterer Nachteil, wenn man allein reist: Es gibt Situationen, in denen das Rad samt Gepäck unbeaufsichtigt bleiben muss. Wenn man zum Beispiel Lebensmittel einkauft, auf die Toilette geht oder Ähnliches. Zumindest die Tasche mit den wertvollen Dingen wie Geld, Ausweis usw. (hier vorne am Lenker platziert) sollte man nie unbeaufsichtigt auf dem Fahrrad zurücklassen. Ist man hingegen zu zweit, kann immer einer bei den Rädern bleiben. Auch bei Pannen, Krankheit oder Unfall kann die Anwesenheit eines Partners manchmal lebensrettend sein.

Übrigens: Unsere Bekanntschaft ist nicht der einzige Individualist! Ethel MacDonald, eine 78-jährige Amerikanerin aus Missoula im US-Bundesstaat Montana, radelt immer noch ganz allein durch die Welt. Sobald sie auf dem Fahrrad sitzt, hat sie das Gefühl, 'ihr eigener Boss' zu sein, und das genießt sie! Erst im Alter von 65 Jahren begab sie sich auf ihre erste größere Tour. Inzwischen hat sie mit dem Rad nicht nur Amerika, sondern auch den größten Teil Europas und die philippinische Insel Mindoro bereist und dabei insgesamt 13 000 Kilometer zurückgelegt. Dieses Beispiel zeigt: Man ist nie zu alt, um mit dem Radreisen anzufangen!

Zu zweit unterwegs

Wenn zwei sich gerne streiten, einander nicht vertrauen und zu viel Nähe nicht aushalten können, ist diese Art zu reisen nicht geeignet für sie. Man kann sich nicht aus dem Weg gehen und ist aufeinander angewiesen.

Verfügen beide Partner nicht über etwa die gleiche Kondition, muss der Stärkere auf den Schwächeren Rücksicht nehmen. Ich schreibe ganz bewusst 'muss' und nicht 'sollte'.

Folgendes haben wir auf unserer Inn-Radtour erlebt. Es war Spätnachmittag, wir hatten bereits ein Zimmer bezogen und saßen auf dem Balkon. Unter uns befand sich eine Pizzeria und ein Stück zur Straße hin ein Schaukasten mit Speisekarte.

Ein Mann und eine Frau kamen auf ihren bepackten Rädern angefahren. Die Frau stoppte, um sich die Speisekarte anzusehen. Der Mann wartete etwas abseits.

Er, ungeduldig: „Nun komm doch endlich!"

Sie: „Ich bin müde. Das ist eine Pension, hier könnte man auch ein Zimmer bekommen."

Er: „Wir fahren weiter!"

Sie: „Aber ich kann nicht mehr. Und ich habe Hunger."

Er: „Es ist erst fünf Uhr." Dann ärgerlich: „Jetzt komm schon!"

Gottergeben folgte sie ihm.

Die Frau tat uns leid, denn laut Reiseführer gab es erst nach 27 Kilometern wieder eine Übernachtungsmöglichkeit – und das ist verdammt lange, wenn man keine Kraft mehr hat.

Hier bleibt anzumerken, dass Frauen bei gleicher Größe gut ein Drittel weniger Muskelmasse besitzen als Männer. Das bedeutet, eine Frau muss für dieselbe Strecke ein Drittel mehr Kraft aufwenden, wobei die meisten Männer auch noch größer sind als ihre Frauen. Tatsächlich hat eine Frau also auf derselben Strecke viel mehr geleistet als ein Mann.

Deshalb mein Appel: Nehmen Sie Rücksicht aufeinander und verteilen Sie das Gepäck so, dass der Größere und Stärkere auch die meiste Last mitführt.

Gruppenreisen mit einem Veranstalter

Was für Radreisen zu zweit gilt, gilt natürlich auch für das Radfahren in Gruppen. Man muss auf den Schwächsten Rücksicht nehmen und kompromissbereit sein. Will oder kann man das nicht, fährt man besser allein. Die Gruppe kann allerdings für ein Paar, das sich zu zweit leicht auf die Nerven geht, durchaus eine Alternative sein. Denn in der Gruppe kann man sich besser mal aus dem Weg gehen und müssen beide auf den ganzen Pulk Rücksicht nehmen.

Vorteil einer geführten Gruppenreise, die man mit einem Veranstalter unternimmt: Man muss sich um nichts kümmern. Die Hotels werden für einen gebucht und jemand, der den Weg kennt, fährt voraus. Das Gepäck wird per Auto von Station zu Station gebracht, also muss man auf dem Rad nur das mitnehmen, was man unterwegs unbedingt braucht. Diese Variante ist bequem und sicher. Hat man Glück, und es sind nette Leute in der Gruppe, kann man viel Spaß haben. Hat man allerdings Pech, und es ist auch ein Störenfried und Besserwisser dabei, kann einem das den ganzen Urlaub vermiesen.

Für Singles ist so eine Gruppenreise eine gute Möglichkeit, eine Tour zu fahren, die sie sich allein nicht zutrauen würden. Ist man sogar bereit, mit einem anderen Alleinreisenden ein Zimmer zu teilen, lässt sich viel Geld sparen.

Immer öfter werden auch gekoppelte Rad- und Flussschiffsreisen angeboten. Während das 'Hotelschiff' zur nächsten Anlegestelle fährt, machen sich die Passagiere per Rad auf den Weg. Unterwegs können sie Sehenswürdigkeiten besichtigen oder einfach nur die Natur genießen. Nachmittags geht die Gruppe wieder an Bord und hat den Abend für sich.

Vorteil: Das Hotelschiff begleitet einen während der gesamten Reise, damit entfällt der tägliche Zimmerwechsel und das Taschen ein- und auspacken.

Auch Kreuzfahrtschiffe, wie z.B. 'Mein Schiff' oder Aida, bieten Landausflüge per Rad an und verleihen hierfür Fahrräder.

Selbstorganisierte Gruppenreisen

Fährt man in einer Gruppe von Freunden, sollte man es halten, wie bei einem Segeltörn und die Aufgaben und Kompetenzen verteilen.

Der 'Kapitän' hat die Strecke vorbereitet. Heißt, er hat sich die Route im Netz genauestens angesehen, kennt die Schwierigkeiten und hat eine Navigations-App und Kartenmaterial besorgt. Mit der App von Komoot haben wir persönlich gute Erfahrungen gemacht. Ein anderer übernimmt die Hotelsuche und falls man vorab buchen möchte auch die Buchungen, nachdem er mit dem 'Kapitän' die Länge der Tagesrouten besprochen hat – und zwar ausgehend von der Kondition des Schwächsten in der Gruppe. Hotelbuchungen vorab sind bei mehr als vier Personen oder zur Hauptsaison auf jeden Fall anzuraten, ansonsten ist man ohne feste Hoteladresse in seiner Tagesplanung freier. Ein dritter bereitet die An- und Rückreise der Gruppe vor.

Familien mit Kind und das Fahren mit Anhänger

Hin und wieder gibt es bei Radreiserouten Streckenabschnitte, die schlecht oder gar nicht ausgebaut, holprig und steil sind oder viele Kilometer über Bundesstraßen führen. Leider kann man auch nicht gänzlich ausschließen, sich zu verfahren. Dabei gerät man unter Umständen auf stark befahrene Straßen, von denen man nicht sofort wieder abfahren kann. Wir wurden auf einem ausgewiesenen Radweg auch schon einmal durch einen Tunnel gelenkt, in dem von einer schlichten Barriere getrennt auch Autos fuhren. Den furchteinflößenden Krach kann ein Kind kaum ertragen.

Die Art und Länge der Route muss deshalb mit viel Bedacht auf mitfahrende Kinder abgestimmt sein. Überfordert man sie und erwartet von ihnen, dass sie mehr leisten, als sie können, ist nicht nur Ärger und Streit vorprogrammiert, auch die Sturzgefahr für die Sprösslinge ist groß. Deshalb müssen Eltern sehr genau prüfen, ob sie ihren Kleinen eine Radreise schon zumuten können und die Tagesstrecken dann entsprechend knapp bemessen.

Wichtig: Mindestens jede Stunde eine Pause einlegen!

Das gilt auch für den Transport im Anhänger. Einige Anbieter werben zwar damit, dass man dank ihrer Produkte auch mit Kindern nicht auf lange Touren verzichten muss, doch stundenlang in so einer Rappelkiste sitzen zu müssen und durchgeschüttelt zu werden, ist erwiesenermaßen nicht gesund für das Rückgrat der Kleinen und kann späte Folgeschäden nach sich ziehen. Deshalb ist für Babys auch unbedingt ein Hänger mit einer Sitzaufhängung wichtig!

Hinzu kommt, dass man grundsätzlich das Fliegengitter schließen sollte, um das Kind vor Insekten, Staub und aufgewirbelten Steinchen zu schützen. Doch da hinten so 'eingesperrt' zu sein, ist langweilig und lässt die Kleinen übellaunig werden. Spätestens nach drei Tagen mit einem quengelnden Kind im Rücken hat man die Nase gestrichen voll und möchte am liebsten nach Hause zurück.

Sind Kinder erst einmal so groß, dass sie im Anhänger nicht mehr bequem sitzen können und mit dem Helm anstoßen, scheidet er als Option aus. Ohnehin ist der Transport von Kindern im Fahrradanhänger ab dem siebten Lebensjahr gesetzlich verboten.

Entschließt man sich trotz alledem, mit dem Fahrradanhänger auf Tour zu gehen, sollte man sich sehr genau über die Route informieren. Hohe Bürgersteinkanten, die man überwinden muss, sind das geringste Übel. Gerade wenn Radwege immer wieder Bahntrassen überqueren, bekommt man es mit versetzt angebrachten, fest verankerten Absperrungen (Verkehrsgeländern) zu tun, die man in einer Schlangenlinie passieren muss. Mit Anhänger ist das manchmal nur möglich, wenn man ihn darüber hebt. Oder man muss Treppen überwinden, die zwar mit einer Laufschiene für Fahrräder versehen sind – aber das hilft einem mit Anhänger leider nichts. Dann muss man das ganze Gefährt samt schwerem Gepäck und Kindern tragen.

Sogenannte Verkehrsgeländer sind ein ärgerliches Hindernis für Fahrradanhänger oder Tandems

Das gilt ebenso für Fahrradtrailer (Fahrradzugsystem / Tandemkupplung). Gemeint ist ein Kinderrad, das an einer Stange am Zugfahrrad befestigt und so zu einer Art Tandem wird. Fährt man auf engen und manchmal zugeparkten Radwegen durch große Städte, kann das mit Fahrradtrailern problematisch werden.

Unbedingt wichtig ist für all diese Varianten, einen Fahrradsicherheitswimpel am Gepäckträger des Kinderfahrrads anzubringen!

Ein weiteres Problem bezüglich der Fahrradtrailer: Schläft das Kind auf dem Rad ein, was auf langen Strecken vorkommen kann, dann aber meist unbemerkt bleibt, fällt es unter Umständen runter – und das im Verkehr! Leider hört man auch, dass Tandemkupplungen viel zu häufig von erschreckend minderwertigem Material sind und bei Dauerbelastung abreißen können. Unterwegs ist das höchst gefährlich und hat auch noch zur Folge, dass man die Reise abbrechen muss.

Besser als das Tandemprinzip ist ein neuartiger Fahrradanhänger aus den USA, der >*Wehoo iGo Turbo*<. Es ist im Prinzip ein Kindersitz auf einem Einradanhänger. Damit ist er wendiger als die üblichen Zweiradanhänger und läuft leichter mit. Er wird mit einer Deichsel an der Sattelstange des Rades befestigt und hat auch Pedale. So kann das Kind aktiv werden und mitfahren, und wenn es einschläft, ist das auch nicht weiter schlimm. Allerdings sind diese Anhänger sehr teuer, und die Anschaffung lohnt sich nur dann, wenn man oft fährt und eine größere Familie plant.

So muss ein Transportanhänger für Ihr Kind oder Ihr Baby ausgestattet sein

Er sollte eine solide Bodenwanne aus Aluminium oder einem anderen festen Bodenmaterial haben, um ein Durchbrechen oder sonstige Verletzungsgefahren zu vermeiden. Vergessen Sie nicht, auf einer Radreise kann es nicht nur über Schotterwege, sondern hin und wieder auch über Stock und Stein gehen! Aus eben diesem Grund ist eine gute Federung des Anhängers unerlässlich.

Für Babys sind die Anforderungen noch höher. Babys sollten in den ersten zwölf Wochen möglichst viel und eben liegen. Weil die Nackenmuskulatur noch zu schwach ist, können sie den Kopf noch nicht halten, und die Wirbelsäule ist nicht stabil genug, um Erschütterungen auszuhalten. Aus diesem Grund sollte man sie erst ab etwa elf Monaten im Fahrrad-anhänger mitnehmen, dann sind sie kräftig genug und können stabil sitzen.

Für den Transport von Babys gibt es speziell ausge-stattete Fahrradanhänger mit diversem Zubehör. Wichtig sind geeignete Babyschalen, die mit einem 3-Punkt-Gurt zum sicheren Anschnallen ausgestattet sind. Einige Modelle von Babyschalen, die in Anhä-nger eingebaut werden können, passen auch für Au-tos. Doch davon wird abgeraten, da die Kleinen in diesen Babyschalen halb sitzen und nicht liegen, was sich schädlich auf die Wirbelsäule auswirken kann. Besonders wichtig ist, dass der Babyfahrradanhä-nger eine sehr gute Federung hat, die den Maßen des Kindes entsprechend individuell eingestellt und angepasst werden kann. Ein niedriger Reifendruck von etwa 1,5 bar verbessert den Effekt der Federung zusätzlich. Nehmen Sie trotz allem ein unter neun Monate altes Baby mit, sollten Sie sich einen Hänge-sitz, auch als Sitzhängematte bekannt, anschaffen. Solche Sitzhängematten können auch kleinste Er-schütterungen abgefangen.

Trotz alle diesen Vorkehrungen sollten Sie mit einem Baby nicht länger als zwei, höchstens drei Stunden unterwegs sein und nur auf befestigten Wegen zu fahren. Lassen sich Kopfsteinpflaster und Konsorten nicht vermeiden, schieben Sie das Rad oder nehmen Sie Ihr Kind vorsichtshalber aus dem Anhänger und tragen es.

Weitere Sicherheitsvorkehrungen für den Fahrradanhänger

Durch eine winkelbewegliche Anhängerkupplung wird im Falle eines Sturzes des Radfahrers ein Umkippen des Anhängers vermieden. Auch möglichst große und breite Räder mit einem niedrigen Schwerpunkt vermindern die Kippgefahr.

Anhänger verdecken während der Fahrt das Rücklicht des Zugfahrrads. Damit man gesehen wird, falls man im Regen fahren muss oder in die Dämmerung gerät – letzteres kann z.B. passieren, wenn man sich verfahren hat - braucht der Anhänger eine eigene Beleuchtung. Falls bei Ihrem Anhänger keine Rückleuchten angebracht sind, müssen sie nachträglich angebaut werden! Reflektoren allein sind ungenügend.

Auch den Wimpel am Anhänger sollte man keinesfalls vergessen!

Zur Sicherheit muss das Kind einen Helm tragen und angeschnallt werden. Hierbei geht es nicht nur darum, bei abrupten Bremsen oder Kippen des Anhängers ein Herausschleudern des Kindes zu verhindern, sondern auch auszuschließen, dass es sich während der Fahrt im Anhänger zu heftig bewegt und ihn damit aus dem Gleichgewicht bringt.

Auch an Hitze und plötzliche Regengüsse muss man denken und entsprechend vorsorgen. In der prallen Mittagssonne fährt man am besten gar nicht. Eine Pause an einem Badesee oder Fluss erhöht zudem das Urlaubsfeeling und bessert die Laune des Kindes. Gegen Regen kann man Regenschutzhüllen für den Anhänger kaufen. Dabei sollte man aber unbedingt auf Lüftungslöcher achten, die die Luftzirkulation gewährleisten.

Das Rad und   was dazugehört

Rad, Sattel und Inspektion

Längst gibt es Räder im Handel, die speziell für Rad-reisen entwickelt wurden. Sie haben nicht nur einen Gepäckträgeraufbau für eine Lenkrad- und insge-samt vier Satteltaschen, sondern auch einen länge-ren Radstand, einen besonders robusten Rahmen und einen extrastabilen Ständer.

Will man sein Rad aber behalten und es, wie der In-dividualist, den ich zu Beginn beschrieben habe, selbst umgestalteten, kann man Vorderradgepäck-träger bzw. 'Lowrider' auch an seinem eigenen Rad anbringen. Früher riskierte man damit, einiges an Fahrkomfort einzubüßen. Doch die Technik wurde inzwischen so gut weiterentwickelt, dass sich gefederter Fahrkomfort und Lowrider nicht mehr ausschließen.

Solche Vorderradgepäckträger haben eine Traglast bis zu 16 Kilogramm, und man kann sie im Prinzip an jedes stabile Fahrrad montieren. Allerdings sind wirklich stabile Lowrider-Modelle nicht gerade günstig, und von Billigkäufen sollte man unbedingt absehen! Höhergelegene Modelle, bei denen der Gepäckschwerpunkt näher an der Lenkachse liegt, sind zu bevorzugen, da die Gewichtsverteilung optimaler ist und es keine bruchempfindliche Unterstrebe gibt.

Tipp: Die Verteilung des Gewichtes Ihres mitgeführten Gepäcks ist wichtig. Erfahrene Profiradreisende raten: Zweidrittel vorne, ein Drittel hinten – das gilt vor allem dann, wenn man sein Rad mit z.B. zusätzlichem Campinggepäck schwer belädt.

Wenn man nicht gerade plant, einmal um die Welt zu touren, ist es natürlich nicht zwingend nötig, für eine Radwanderung ein spezielles Reiserad zu besitzen. Man kann im Prinzip mit jedem Rad auf Reisen gehen, selbst mit dem Mountainbike oder einem

Rennrad. Aber natürlich ist es nicht sinnvoll, mit einem Rennrad über Schotterwege und wurzelbewachsene Waldwege zu fahren. Sind Sie Rennradfahrer und fassen ins Auge, damit auf Radreise zu gehen, erkundigen Sie sich nach ausgewiesenen Rennradtouren – auch das gibt es! Sowohl geführte Reisen, die man bei Veranstaltern buchen kann, als auch Apps oder Kartenmaterial für Individualreisende.

Auf einem Mountainbike hat einer unserer Neffen zusammen mit Freunden die Alpen überquert. Das wenige Gepäck, das die Jungs mitnahmen, beschränkte sich auf ein T-Shirt zum Wechseln, eine Zusatzunterhose aus einem schnelltrocknenden Material, einer dünnen Regenjacke, Waschmittel in der Tube, Kamm, Zahnbürste, Handtuch und Notfallapotheke. Dazu ein paar Schokoriegel, Werkzeug, ein gutes Taschenmesser, Handy mit App, Geld und Smartphone. Das alles verstauten sie in ihren extraleichten Rucksäcken – und los ging es!

Wir fuhren zu Beginn mit einem normalen Trekkingrad, inzwischen sind wir auf Pedelecs umgestiegen. Selbst Leute mit Tandem und einem Einradanhänger im Schlepptau haben wir unterwegs schon getroffen. Trotz einiger Nachteile, mit denen sie jedoch umzugehen gelernt hatten, waren sie begeistert von dieser Art des Radwanderns.

Ob Sie sich nun ein neues Rad kaufen oder auf Ihrem alten zu Ihrer allerersten Radwanderung aufbrechen wollen, lassen Sie sich in einem Fahrradgeschäft Ihres Vertrauens ausführlich beraten. Jeder Mensch ist anders gebaut, jeder bevorzugt eine andere Haltung auf dem Rad, der eine liebt diesen, der andere jenen Radkomfort. Wie auch immer - für jeden gibt es das richtige Rad, wenn man sich die Zeit nimmt, es zu finden!

Selbstverständlich sollte man vor einer Radreise sein Rad noch einmal durchchecken oder zur Inspektion in die Werkstatt bringen. Doch warten Sie nicht bis zur letzten Minute, um Ihr Rad auf Vordermann bringen zu lassen! Denn im Frühjahr und Sommer kommen plötzlich alle an und wollen vor ihrem Urlaub 'schnell noch' dies und das. Da kann es Ihnen passieren, dass Sie keinen Termin mehr bekommen!

Sollten Sie eine umfassende Inspektion vornehmen lassen wollen oder gar über Neukauf oder Aufrüstungen nachdenken und eine ausführliche Beratung benötigen, vereinbaren Sie am besten im Spätherbst oder Winter einen Beratungstermin. Denn dann hat Ihre Fahrradwerkstatt Leerlauf und kann sich Zeit für Sie nehmen. Und Sie haben bis zu Ihrer Abreise genügend Zeit, sich an das neue oder umgebaute Rad zu gewöhnen.

Das sollte vor einer Radreise kontrolliert werden:

- Profilstärke und Beschaffenheit der Reifen, Ventil
- Felgen eventuell nachzentrieren
- Beschaffenheit der Bremsen, Brems- und Schaltzüge
- Schaltung
- Kette, Pedale, Luftpumpe
- alle Schrauben und Muttern am Rad

Tipp: Sollten Sie ein Pedelec fahren, nehmen Sie sich unbedingt einen Ersatzschlauch mit, den Sie einziehen können, ohne das Rad abmontieren zu müssen, denn das ist bei einem Pedelec für einen Nichtfachmann schwierig bis unmöglich.

So wichtig wie das Rad selbst ist der Sattel. Immerhin verbringt man jeden Tag viele Stunden auf ihm, und wenn es nicht der richtige ist, kann er zum Marterwerkzeug werden.

Die meisten Menschen, die nur wenig fahren, haben einen weichen Sattel und glauben, das sei das Beste für den Po. Das ist ein Irrtum. Wenn die Sitzkonchen einsinken, liegt der Schambereich auf. Es reibt, Nerven werden abgeklemmt, ein pelziges Gefühl entsteht im Schritt. Mir ging es so, und ich habe mit mehreren Frauen darüber gesprochen, die das ebenfalls kannten. Weil das wirklich sehr unangenehm ist, trug ich mein Problem in einigen Fahrradfachgeschäften vor, aber niemand konnte mir da DEN geeigneten Sattel empfehlen. Also probierte ich verschiedenste Sättel aus. Die mit einer Aussparung in der Mitte, weiche, harte, lange, kurze, Gelsattel … unglaublich, wie viele Modelle es gibt! Der, den ich letztlich genommen habe, und mit dem ich bis heute gut zurechtkomme, ist ein mittelbreiter, relativ harter Sattel von Velo.

Auch Männer klagen über oben genannte und diverse andere Sattelprobleme. Viele Hersteller legen vor allem Wert auf die Optik eines Sattels und gestalten ihre Modelle sehr schmal, um sie sportlich und schick aussehen zu lassen. Doch solche Sättel sind extrem schädlich für den Mann und beeinträchtigen sogar die Sexualität. Aus diesem Grund haben Hersteller sogenannte 'prostatafreundliche' Sättel entwickelt, bei denen die Prostata entlastet wird.

Die Sitzknochen übrigens, die anfangs auf einem härteren Sattel schon mal weh tun, gewöhnen sich daran, sie härten sich ab. Aber ganz ohne Druckschmerzen wird man nach acht Stunden im Sattel wohl nie bleiben …

Um den optimalen Sattel für sich zu finden, raten wir an, einige Modelle auszuprobieren. Fast immer sind Fahrradverkäufer bereit, ihren Kunden diese Möglichkeit zu bieten.

Falls Sie sehr aufrecht fahren, achten Sie auch auf gefederte Sattelstützen! Hat man sie nicht, lassen sie sich meist nachträglich einbauen.

Pedelec contra Rennrad

Zwar sprechen alle von ihren E-Bikes, doch tatsächlich sind solche Räder Pedelecs, denn ein richtiges E-Bike (auch S-Pedelec) fährt auch ohne Pedalunterstützung bis zu 20 Stundenkilometer, mit Pedalunterstützung schaltet der Motor bei 45 Stundenkilometern ab. Damit zählt es zu den Kleinkrafträdern

(Moped) und ist zulassungspflichtig. Solche Bikes benötigen außerdem ein Versicherungskennzeichen, einen Rückspiegel, gelbe Seitenrückstrahler, beleuchtetes Versicherungskennzeichen, Hupe, Seitenständer, ein Bremslicht und mehr. Das Mindestalter des Fahrers beträgt 16 Jahre, er braucht einen Führerschein der Klasse AM, und es besteht Helmzwang.

Auf einem Pedelec wird der Elektromotor nur dann aktiviert, wenn auch man selbst in die Pedale tritt, und die Motorunterstützung schaltet ab, wenn man schneller als 25 Stundenkilometer fährt. So ist es rein Straßenverkehrsrechtlich gesehen kein Kraftfahrzeug, sondern eben ein Fahrrad.

Trotzdem ist das Pedelec bei gleicher Trittkraft schneller unterwegs, als das normale Fahrrad, und weil das so ist, sind auch die Bremsen stärker. Der Umgang damit will geübt sein, man hat das aber schnell heraus.

So mancher rümpft die Nase über Elektroradfahrer, wofür es keinen Grund gibt. Nicht nur einmal haben wir gehört, wie 'sportliche' Radfahrer im Vorbeifahren abfällige Bemerkungen machten:

„Schon wieder E-Biker!"

Oder: „E-Bikes sollte man verbieten!"

Das heftigste hörten wir einmal, als wir nach einer Kaffeepause aufstiegen: „Wenn die selbst nimmer können, sollen sie halt daheimbleiben!"

Ein Pedelec ist ein sehr schweres Rad. Meines wiegt knapp 27 Kilo. Dazu kommen gut 20 Kilo Gepäck (Akkulader und einige Dinge, die man braucht oder sich 'gönnt', wenn man schon etwas älter ist). Heißt, man bewegt zu seinem eigenen Gewicht also noch knapp 50 Kilo zusätzlich.

Ein normales Stadtrad wiegt etwa 17 Kilo, ein Rennrad zwischen sechs und acht Kilo, ein Mountainbike zwischen 9 und 13 Kilo - und einziges Gepäck ist hier ein kleiner Rucksack, denn Gepäckträger gibt es gar nicht.

Ein Pedelec hat 8 Gänge und drei oder vier Stufen, wobei die erste Stufe (Eco) nicht viel mehr als den Ausgleich zu einem 'normalen' Rad bringt – und wie gesagt, ein Pedelec schaltet bei 25 Stundenkilometern den Motor automatisch ab, wobei man mit schwerem Gepäck sowieso selten mal 28 Stundenkilometer erreichen kann.

Ein Bergrad hat 21 Gänge, ein Rennrad etwa ebenso viele, manche gar 30. Damit stehen sie einem Pedelec nicht nur in nichts nach, sie hängen einen Pedelec-Fahrer gnadenlos ab.

Hinzu kommen die verschiedenen 'Ansprüche', die Radfahrer haben. Pedelecfahrer wollen die Landschaft genießen, also mit dem Rad die Welt bereisen. Berg- oder Rennradfahrer verstehen sich als Sportler und setzen sich Ziele, die mit Zeit und Kraft zu tun haben und wettbewerbsorientiert sind.

Und last but not least: Wir haben das letzte Drittel unseres Lebens erreicht, seit einem Radunfall habe ich ein kaputtes Knie, und Rückenprobleme haben wir beide. Trotz dieser körperlichen Defizite und den damit einhergehenden Schmerzen wollen wir aktiv sein und bleiben. Unsere 'Kontrahenten' sind meist (weit) unter 40 und (noch!) gesund, und wir wünschen ihnen von ganzem Herzen, dass sie es lange bleiben.

Ein Pedelec kann man übrigens auch 'sportlich' fahren. Dann schaltet man den Motor entweder aus (aufgrund des Gewichts nur auf der Ebene anzuraten) oder man fährt auf 'eco' (economy), das entspricht etwa dem Fahren auf einem normalen Stadtrad. Der Vorteil ist, dass man auf Steigungen die Möglichkeit hat, mehr Kraft zuschalten, was eine großartige Hilfe ist, gerade wenn man ein kaputtes Knie hat. Bleibt man jedoch auf Steigungen nicht in Schwung, `verhungert` der relativ schwache Motor, und man bleibt stehen. Dann schiebt man gute 40 Kilogramm bergauf, und das ist kein Vergnügen, wenn eben dieses Gewicht unbedingt wieder in die andere Richtung will.

Auf einer kurzen, steilen Steigung hatten wir zwei Männer vor uns, die nebeneinander fuhren und somit keinen Platz zum Überholen ließen. Für uns bedeutete das: Entweder klingeln, damit wir an den beiden vorbeiziehen konnten, oder absteigen und an bergauf schieben, wobei die sogenannte Schiebehilfe an einem Pedelec eher ein Witz ist. Wir haben geklingelt und uns damit sehr böse Blicke eingefangen, als die Herren sahen, dass wir ein Pedelec fuhren. So nach dem Motto: Wir müssen uns hier abstrampeln, und die auf ihren E-Bikes klingeln auch noch frech, um an uns vorbeizufahren! - Dabei sollte es doch eigentlich selbstverständlich sein, dass man auf Steigungen oder vor unübersichtlichen Kurven nicht nebeneinander fährt.

Fazit: Egal welches Rad man fährt, bei einem freundlichen Miteinander und gegenseitiger Rücksichtnahme können wir alle unser gemeinsames Hobby, das Radfahren, ganz ohne Ärger genießen.

Was bedacht werden muss, wenn man mit dem Elektrorad auf Reisen geht

- Es ist schwerer als das normale Rad und wird dazu auch noch schwer beladen. So viel Gewicht muss man halten und unter Umständen auch mal schleben können. Es gibt zwar eine Schiebehilfe (ein kleines Knöpfchen, das den Motor aktiviert), aber sie macht den Kohl nicht wirklich fett. Die gute Nachricht: Die neue Generation von Pedelecs ist schon sehr viel leichter – sowohl der Motor als auch der Rahmen.
- Man muss den Akkulader mitnehmen, das ist zusätzliches Gewicht und nimmt Platz ein. Wir raten dazu, den Akku grundsätzlich jeden Abend aufzuladen, auch wenn er nur halb geleert ist! Es kann passieren, dass man sich am nächsten Tag verfährt oder der Motor an einem langen steilen Berg viel mehr Strom 'frisst', als man dachte. Ist aber der Akku leer, lässt

sich das schwere Fahrrad nur mit großer Kraftanstrengung bewegen, und eine volle Ladung dauert etwa vier Stunden.

Tipp: Kaufen Sie ein E-Bike nicht im Internet. Die Software muss hin und wieder neu aufgespielt werden, es gibt unter Umständen Reparaturen, die man nicht selbst bewältigen kann - dann braucht man den Vertragshändler in der Nähe!

Noch ein Wort zu den Akkus: Pedelecs werden von Lithium-Ionen Akkus betrieben. Falsches Laden oder Manipulationen an einem solchen Power-Energiespeicher können dazu führen, dass der Akku explodiert, denn er beinhaltet neben verschiedenen Metallen eine Flüssigkeit, die Elektrolyt genannt wird. Durch die Reaktion der Metalle auf das Elektrolyt entsteht elektrische Energie. Wird nun aber so ein Lithium-Ionen-Akku überhitzt, löst das im Inneren des Akkus eine thermische Reaktion aus, er heizt sich auf, kann dabei bis zu 1.000 Grad heiß werden, zu brennen anfangen und die Batterie zum Explodieren bringen. Diese 'thermische Reaktion' kann sowohl im Inneren durch beispielsweise einen Kurzschluss entstehen als auch durch äußere Hitzeeinwirkung ausgelöst werden. Einige Hersteller versehen ihre

Akkus mit einem System, das den Akku sofort abschaltet, wenn ein Fehler auftritt. Diese Akkus sind teurer aber eben auch sicherer.

Sollten Sie im Winter nicht fahren, holen Sie den Akku ins Haus und laden Sie ihn hin und wieder auf. Denn durch Kälte, Nässe und das vollständige Entladen erhöht sich die Explosionsgefahr beim Ladevorgang. Auch zu große Hitze kann den Akku so weit schädigen, dass er sich beim Wiederaufladen entzünden könnte. Als Sicherheitsmaßnahme Installieren Sie am besten dort, wo Sie Ihren Akku gewöhnlich laden, einen Rauchmelder.

Folgende Regeln müssen Sie unterwegs beachten:

• Laden Sie ihren Akku nur mit dem zugehörigen Ladegerät. Fahren Sie mit zwei Pedelecs, die mit verschiedenen Motoren bestückt sind, müssen Sie beide Ladegeräte mitnehmen.

• Laden Sie ihn nur in trockenem Zustand, bei Raumtemperatur und auf einer nicht brennbaren Unterlage.

Die optimale Gepäckausstattung

Wer zu einer ein- oder zweiwöchigen Radtour aufbricht und in Unterkünften übernachtet, kommt mit den üblichen Gepäcktaschen, die am hinteren Gepäckträger eingehängt werden, und einer Lenkradtasche aus. Mehr als da hineinpasst braucht man nicht.

Wer länger unterwegs ist oder sich fürs Campen entscheidet, benötigt zusätzlich zwei kleinere Taschen fürs Vorderrad, die an einem Lowrider (siehe Artikel Rad, Sattel und Inspektion) befestigt werden und gegebenenfalls eine Zelttasche.

Fahrradtaschen müssen vor allem stabil und mindestens wasserabweisend sein. Die teuren Taschen von Ortlieb oder Vaude sind tatsächlich wasserdicht, wodurch man sich erspart, bei Platzregen schnell noch eine Regenschutzhülle übers Gepäck ziehen zu müssen.

Eine Lenkradtasche (oder alternativ einen Rucksack) sollte man auf jeden Fall mitnehmen. Dahinein gehören Pässe, Geld, Handys und Taschentücher etc. Auch wenn man das Rad mal stehen lässt, kann man diese Tasche schnell abschnallen und mitnehmen.

Unser Fahrradhändler spricht sich allerdings gegen die üblichen Lenkradtaschen aus, die 'nach außen', also in Fahrtrichtung hängen, und das vor allem bei E-Bikes. Es ist für die Zugseile nicht gut, dass die Tasche ständig daran scheuert. Deshalb hänge ich persönlich meine Lenkradtasche 'nach innen', also zu mir hinauf und so, dass sie kein Kabel berührt. Weil sie da natürlich viel Platz wegnimmt und beim Aufsteigen stört, habe ich mir eine Lenkradtasche gekauft, die viel schmaler ist als üblich, dafür aber länger, also weiter nach unten hängt. Das funktioniert prima.

Mein Mann nimmt hingegen lieber einen Biker-Rucksack. Es gibt sie in allen erdenklichen Größen und Formen. Sie sind speziell fürs Biken optimiert, haben passende Brust- und Hüftgurte, verfügen über Helmhalterungen und ausgeklügelte Systeme, um den Rücken zu belüften.

Alternativ gibt es für Herrenfahrräder kleine Lenkradtaschen, die am sogenannten Oberrohr befestigt werden und sogar eine Sichthülle fürs Handy bzw. Navi haben. Hier fehlt allerdings der Tragegurt.

In die kleine Satteltasche, die am Sitzrohr bzw. am Sattel befestigt wird, kommen Werkzeug, Ersatzschlauch usw., denn dort sind diese Dinge jederzeit griffbereit. Muss man sie erst tief unten in der Gepäcktasche suchen, hat man noch zusätzlich zur Panne Grund, sich zu ärgern.

Entscheidet man sich für einen speziellen Gepäckanhänger für Radreisende, nimmt man besser einen einspurigen. Zweirädrige Anhänger sind immer breiter als das Rad selbst und insgesamt unhandlicher. 'Einradanhänger' folgen der Spur des Zug-Rads und laufen leichter mit. Sie werden mit einer Deichsel an einer Spezialachse des Rades befestigt und wiegen nur etwa sechs Kilo. Allerdings sind sie sehr teuer.

Reisevorbereitungen

Die beste Reisezeit

Sofern Sie keine Kinder haben und nicht auf Schulferien angewiesen sind, sollten Sie die Hauptreisezeit meiden. In der Vor-, Nach- und Zwischensaison bekommt man eher Zimmer, und sie sind günstiger. Wir ziehen bei unseren Planungen den Ferienkalender und die Klimatabelle der Gegend zu Rate, in der wir fahren wollen. So ermitteln wir die hoffentlich beste Zeit für unsere Tour.

Trotzdem ist man vor schlechtem Wetter nie sicher. Ein später Wintereinbruch kann einem genauso einen Strich durch die Rechnung machen wie Gegenwind oder Sommergewitter. Beides haben wir schon erlebt und mussten bei Eiseskälte radeln bzw. unsere Moselradtour aufgrund von Gewittervorhersage bei Trier abbrechen. Radtouren sind eben kein Sonntagsspaziergang – aber trotzdem macht es riesigen Spaß!

Fährt man im Sommer, ist es wichtig, möglichst früh am Morgen aufzubrechen, denn in der größten Mittagshitze ist es für den Kreislauf und die Haut besser, irgendwo gemütlich im Schatten ein Buch zu lesen.

Außerdem hat die Morgenstimmung ihre Reize. Über den Wiesen liegt ein Hauch von Frühnebel, die Vögel singen und auf den Straßen ist noch wenig los. Wenn man dann nach einer ausgiebigen Pause am späteren Nachmittag weiterfährt, fühlt man sich fit und ausgeruht. Da sollte allerdings das mit dem Zimmer schon geregelt sein. Ein Buchungsportal wird befragt, ein paar Klicks folgen oder ein Anruf bei einem ausgespähten Hotel – und man muss später nicht suchen.

Achtung: Wer mit Hund reist, wird leider feststellen müssen, dass die Auswahl an Hotels sehr viel geringer ist. Gibt man etwa bei Booking.com einen Ort ein und optimiert die Suche auf 'Haustiere erlaubt', hatte man nicht selten zuerst 100 und plötzlich nur noch fünf Hotels, die zur Verfügung stehen.

Training und Ausdauer

Wer eine lange Radreise plant, muss vor Reiseantritt so gut trainiert sein, dass er sicher sein kann, täglich Minimum vier Stunden auf dem Rad auszuhalten. Denn ohne Kondition auf eine Radreise zu gehen, bedeutet ein frühzeitiges Ende zu riskieren. Das gilt vor allem für die Muskulatur, aber auch für den Po, der abgehärtet werden muss.

Unser **Tipp:** Plant man eine Radwanderung, sollte man das Auto so oft wie irgend möglich in der Garage lassen und stattdessen das Rad nehmen – z.B., um zur Arbeit zu kommen, einzukaufen, Freunde zu besuchen. Hat man die Möglichkeit, zu Hause einen Fahrradheimtrainer aufzustellen, sollte man auch das tun. So kann man bei jedem Wetter und auch abends im Dunkeln oder morgens noch vor dem Duschen trainieren. Für mich ist eine halbe Stunde Morgengymnastik längst zur Routine geworden. Etwas Yoga, Pilates, Krafttraining und Dehnungsübungen, das hält auch für den Alltag fit.

Die Route planen

Natürlich macht es für Ihre Streckenplanung einen großen Unterschied, ob Sie allein, zu zweit, mit Kind, Hund oder in einer größeren Gruppe fahren. Ob Sie sich nur einen Rucksack aufschnallen, kleines Gepäck bei sich haben oder eine ganze Campingausrüstung mitnehmen. Welches Rad Sie fahren, ob Sie die Alpen überqueren, in hügeliger Landschaft touren oder im Flachland bleiben. Ob Sie, was in Flusstälern oder auf den Bergen der Fall sein kann, mit viel Gegenwind rechnen oder auf schlechtem Grund oft schieben müssen. Letztendlich zählt auch, wie gut die Haltemuskulatur ausgebildet ist und man im Training steht. Nach all diesen Faktoren richtet sich die Länge einer Tagestour – eine allgemeingültige Prognose, wie weit man fahren kann, lässt sich deshalb nicht stellen. Wir raten: Lieber zu kurz gerechnet, als sich überfordern! In erstem Fall hat man Zeit zur Muße, im zweiten riskiert man Verletzungen. Und eine Radwanderung ist schließlich kein Wettbewerb, bei dem es gilt, andere zu übertrumpfen.

Auch muss man entscheiden, ob man Zimmer vorbestellt oder einfach drauflosradelt. Ob es auf dieser Tour möglich ist, seinen Anhänger mitzunehmen, welche App bzw. welches Kartenmaterial und welche Strecke für einen am besten geeignet ist, sofern mehrere Wege zur Verfügung stehen, um ans geplante Ziel zu kommen.

Eine Seeumrundung oder ein ausgeschilderter Radrundweg, der einen wieder zum Ausgangspunkt zurückführt, ist einfacher vorzubereiten als eine ausgedehnte Fluss-Tour, wie z.B. der Donau-Radweg oder Inn-Radweg. Letzterer ist 600 Kilometer lang, beginnt in den Schweizer Alpen und endet in Passau. Bei so einer Reise stellte sich die Frage, wie kommt man mit Sack und Pack zum Ausgangspunkt, bzw.

vom Ziel wieder dorthin zurück, falls man mit dem eigenen Wagen dorthin gefahren war. Hierzu lesen Sie mehr im Kapitel 'An- und Rückreise planen'.

Allen, die noch nie per Rad gereist sind, empfehlen wir für den Anfang eine kleinere Rundreise von zwei, oder drei Tage, die dort endet, wo man angefangen hat. So kann man erste Erfahrungen sammeln und sich selbst und sein Material testen.

Stadtbesichtigungen und Sightseeing

Beides ist auf einer solchen Reise nur begrenzt möglich, denn man hat ja immer das beladene Rad bei sich. Da überlegt man sich schon, ob man den steilen Berg zur Burg hochfährt (schiebt) oder doch besser auf die Besichtigung verzichtet. Die bepackten Räder unbeaufsichtigt irgendwo abzustellen, um ins Museum zu gehen, ist riskant. Bleibt nur die Möglichkeit, sich einen Unterstellplatz zu suchen oder einer muss die Räder bewachen, während der oder die anderen losziehen.

Tipp: Will man eine Stadt besichtigen, legt man sich die Tour am besten so zurecht, dass man dort übernachtet und einen halben oder ganzen Tag pausiert.

Das klassische Kartenmaterial auf Papier – praktisch für die Vorbereitung

Organisiert man seine Radreise selbst, hilft einem ein Reiseführer und zum besseren Überblick Kartenmaterial. Auch das Internet bietet viele Infos.

Ein hilfreicher Link zur Routenplanung im Netz ist dieser: https://www.kompass.de/touren/#suche . Dort gibt man die Region ein, in der man fahren will, klickt auf Rad und erhält Vorschläge von verschiedenen Routen in diesem Bereich.

Auch wenn wir unterwegs Navigations-Apps nutzen, haben wir doch gern auch Kartenmaterial bei uns. Doppelt gemoppelt hält besser, und es ist doch immer schön, wenn man eine Karte ausbreitet und sieht, wo man herkommt und wo man hinwill. Die besten Erfahrungen haben wir mit Radwanderkarten aus dem Verlag Publicpress gemacht. Sie sind wetterfest, reißfest und im Ziehharmonika-System gefaltet. Dadurch lassen sie sich leicht handhaben und auch ins Sichtfenster einer Lenkradtasche schieben. Steigungen und Entfernungen werden angezeigt. Jeder relevante Ort wird kurz beschrieben, es werden einige Unterkünfte aufgeführt, die Radler für eine Nacht aufnehmen. Diese Karte genügt zur App und auch ohne App vollkommen. Will man mehr Infos über Sehenswürdigkeiten haben, kann man separat noch einen Reiseführer mitnehmen. Nach passenden Unterkünften suchen wir auch im Internet.

Auch mit Bikeline-Radtourenbüchern sind wir schon gefahren. Hier werden ebenfalls Steigungen und Entfernungen angezeigt. Was das betrifft, Daumen nach oben. Doch wie bereits der Name verrät, sind sie eher wie ein Reiseführer aufgebaut, bieten also etwas ausführlichere Beschreibungen von Landschaft und Städten. Dementsprechend umfangreicher und damit auch umständlicher zu handhaben sind. Außerdem hat die Erfahrung gezeigt, dass man unterwegs nur dort etwas besichtigen kann, wo man übernachtet – oder man müsste die Räder samt Gepäck irgendwo zuverlässig unterstellen bzw. unbeaufsichtigt lassen. Für 'Sightseeing' vom Rad aus, also im kleinen Stil, genügt aber die Karte aus dem Verlag Publicpress.

Eine große Enttäuschung war für uns das 'ADAC-TourBook', wir fuhren damit den Mosel-Radweg ab Quelle. Es hatte eine Ringbindung, die viel zu eng war, dadurch ließen sich die Seiten nicht richtig umklappen, blieben hängen, die Bindung riss ein – ein einziges Ärgernis! Wir empfanden das Kartenmaterial zudem als unübersichtlich. Für uns ein Grund zu sagen: Nein, danke – nie wieder! Allerdings können wir uns auch nur auf diese eine Erfahrung mit dem ADAC-TourBook beziehen.

Tipp: Wenn wir unterwegs sind, holen wir uns in den Touristeninfos größerer Orte gerne auch mal kostenloses Infomaterial über die Gegend, in der wir uns gerade befinden. Oder wir lassen uns vorab von der Touristeninfo eines Gebietes Radkarten und Infomaterial schicken. Letzteres ist vor allem dann eine Möglichkeit, wenn man eine Seeumrundung oder Rundtour fahren will, also in einem bestimmten Gebiet bleibt.

Hat man noch keine festen Pläne und will sich inspirieren lassen, bieten sich Touren-Ratgeber wie der aus dem Bielefelder Verlag mit dem Titel 'Die 30 schönsten Flussradwege in Deutschland' an. Hier werden die Routen beschrieben und auch Schwierigkeitsgrade angegeben. Dieser Verlag bietet außerdem Kartenmaterial zu allen beliebten Radwanderwegen an.

Bekommt man für die Tour, die man ins Auge gefasst hat, einmal keine Radwanderkarte, sucht man nach

Regionalkarten im Maßstab 1:100000 bis 1:50000, die oft auch von Touristeninfos ausgegeben werden.

Digitales Kartenmaterial

Wie fürs Auto gibt es auch fürs Fahrrad eine digitale Navigation mit GPS-empfang. Diese Geräte sind nicht gerade günstig, wenn auch praktisch – zumindest für Leute, die in einer Unterkunft übernachten, und so das Gerät immer wieder aufladen können. Das zugehörige Kartenmaterial musste man früher teuer bezahlen, was sich dann nur lohnt, wenn man in der betreffenden Gegend öfter fährt. Inzwischen ist aber vieles auch frei verfügbar.

Wer sich damit ausführlicher beschäftigen will, dem empfehlen wir die Internetseiten von 'Outdoor-Blog' und dort insbesondere den Klick 'Alternativen'. Oder suchen Sie nach 'Open Streetmap', auch hier können Sie einiges finden. Wir selbst fahren mit 'Komoot', einer App, die man aufs Handy laden kann und je nach dem nichts oder nur eine geringe Gebühr kostet. Wir können sie guten Gewissens weiterempfehlen.

Übernachtung mit dem Zelt

Wer plant, mit einem Zelt aufzubrechen, sollte bedenken, dass 'wild campen' in vielen Ländern, auch in Deutschland, nicht erlaubt ist. Wer bereits am nächsten Morgen wieder aufbricht und nicht gerade in einem Naturschutzgebiet oder einem fremden Vorgarten zeltet, wird aber meist geduldet sein. Trotzdem bestehe immer die Gefahr, von einem Förster, Polizisten oder Grundeigentümer weggeschickt zu werden. Zelten auf öffentlichen oder privaten Wegen gilt als genehmigungspflichtige Sondernutzung und ist ebenfalls nicht erlaubt. Besser ist es da, z.B. bei einem Bauern zu fragen, ob man für eine Nacht auf seiner Wiese bleiben darf – oder doch lieber für ein paar Euro auf einen Campingplatz zu gehen, wo man auch eine Toilette benutzen und duschen kann. Bedenken muss man außerdem, dass nicht nur das Wildcampen grundsätzlich eine Ordnungswidrigkeit darstellt (kann mit einer Geldbuße belegt werden), sondern dass man unter Umständen sogar eine Straftat im Sinne von Hausfriedensbruch, Sachbeschädigung, Eingriff in ein Naturschutzgebiet begeht. Auch Müll zu hinterlassen oder ein Lagerfeuer anzuzünden ist bereits eine Straftat.

Gut zu wissen: Forstbeamte üben in Wäldern das Hoheitsrecht aus. Somit sind sie befugt, Ausweise zu kontrollieren und können in Extremsituationen sogar Leute festnehmen. Jäger hingegen sind zu all dem nicht berechtigt!

Beim Campen fällt zusätzliches Gepäck an. Man benötigt ein gutes Zelt, einen Schlafsack und Kissen, eine Iso- bzw. Schlafmatte, Abfallbeutel (niemals Abfall liegen lassen oder vergraben!), einen Benzin- oder Kartuschenkocher, zwei ineinanderpassende Alutöpfe mit Deckel, der auch als Pfanne zu gebrauchen ist, eine Schüssel zum Waschen und Abwaschen. Dazu kommen Gewürze, Teller und Schneidebrett, Besteck und ein scharfes Messer, Becher, ein

Taschenmesser mit Flaschenöffner, einen Faltkanister für Wasser, eine Faltschüssel, Trockentuch, Spülschwamm, Spülmittel, Feuerzeug, Toilettenpapier, Taschenlampe und Mückenspray. Das ist die Checkliste, die ich mir einmal zusammengestellt habe.

Zimmer mieten

Die Vorteile liegen auf der Hand: Man hat weniger Gepäck, kann immer duschen und in einem Bett schlafen, ist vor Regen und Wetter geschützt und muss nicht jeden Abend nach langer, anstrengender Fahrt noch ein Zelt aufbauen.

Nachteile: Zimmerbeschaffung kann schwierig sein, und es ist natürlich auch eine Frage des Geldes.

Hat man sich also für eine Zimmerunterkunft entschieden, erhebt sich die Frage, ob man vorbuchen soll oder nicht. Und sie ist gar nicht so leicht zu beantworten.

Fährt man außerhalb der Saison, plädieren wir für 'lieber nicht'. Denn man weiß nie, ob man die Tour zum Beispiel aufgrund von Schlechtwetter, Krankheit oder sonstigen unvorhergesehenen Ereignissen abbrechen muss. Dann kann es sein, dass man die vorbestellen Zimmer bezahlt, ohne etwas davon gehabt zu haben. Andererseits läuft man ohne Vorbuchung Gefahr, lange nach einem Zimmer suchen und eventuell an diesem oder jenem Tag viel weiter fahren zu müssen, als man eigentlich geplant hat. Außerdem hat man ohne Zimmerverpflichtung die

Möglichkeit, mal einen Ruhetag einzulegen, wenn man fühlt, dass die Kräfte nachlassen.

Tipp: Falls Sie vorgebucht haben und Ihr Etappenziel aus unvorhersehbaren Gründen einmal nicht erreichen können, bietet sich vielleicht die Möglichkeit, ein kleines Stück mit Zug, Bus oder Schiff zu fahren und so doch noch zu Ihrem vorgebuchten Hotel zu kommen.

Fährt man in großen Gruppen muss man vorbuchen. Fährt man in der Hauptsaison oder hat man Kinder dabei, raten wir ebenfalls dazu.

Fährt man zu zweit oder zu viert in der Nebensaison, halten wir aufgrund unserer Erfahrungen dieses Vorgehen für besser:

1. Teilen Sie die Streckenabschnitte ein und legen Sie in etwa fest, wo Sie jeweils übernachten möchten.

2. Suchen Sie sich überall dort bis zu drei mögliche Unterkünfte aus, die für Ihren Bedarf in Frage kommen (dazu nutzen wir die Adressen in den Reiseführern und das Internet). Stellen Sie eine Liste der Adressen und Telefonnummern ihrer ausgewählten Unterkünfte für die gesamte Reise zusammen.

3. Buchen Sie morgens beim Frühstück die Unterkunft für den Abend.

Achtung: *Hundebesitzer müssen auf jeden Fall abklären, ob Hunde im Hotel willkommen sind!*

Auch Jugendherbergen bieten eine gute Möglichkeit, für eine Nacht unterzukommen, und es gibt dort auch immer einen Unterstellplatz für die Räder. Dass in Jugendherbergen nur 'junge' Leute unterkommen können, ist längst nicht mehr der Fall. Allerdings muss man in einigen Jugendherbergen Mitglied im Deutschen Jugendherbergswerk (DJH) sein. Fährt man eine Strecke, auf der man mehrmals in einer Jugendherberge einkehren kann, lohnt sich die Mitgliedschaft, die pro Jahr zwischen 7 und 23 Euro kostet. Aber es gibt auch viele Jugendherbergen, die unbesehen jeden aufnehmen (Hunde ausgeschlossen).

Sie finden alle Informationen und eine Auflistung aller Jugendherbergen in Deutschland unter 'Jugendherbergen.de'.

An- und Abreise organisieren

Mit dem Rad reisen ist 'modern' geworden. Immer mehr Menschen erkunden die Welt auf diese Weise. Flüssetouren, die Alpen überqueren, fremde Länder erkunden – eine großartige Sache! Aber wie kommt man hin und zurück nach Hause? Dass die An- und/oder Rückreise oft ungleich schwieriger ist als die Radtour selbst, mussten wir nicht nur einmal am eigenen Leib erfahren.

Wenn ich Ihnen als erstes von unseren Pleiten, Pech und Pannen erzähle, dann keineswegs, um Sie zu entmutigen, sondern um Ihnen aufzuzeigen, wie wichtig es ist, die Rückreise ebenso gut zu planen, wie die Reise selbst.

Als wir 2011 die Inn-Radtour fuhren und in Passau den Zug nach Hause nehmen wollten, stellten wir fest, dass es keine Aufzüge auf dem Bahnhof gab. Mal abgesehen davon, dass Rollstuhlfahrer und Mütter mit Kinderwagen nicht zu ihren Gleisen kommen konnten, es treffen in Passau immerhin drei Flussrouten zusammen! Der Donau-Ilz-Radweg, der Donau-Radweg und der Inn-Radweg. Die beiden letzteren sind vielbefahrene Rad-Reiserouten. Man mochte doch meinen, ein Bahnhof, der von internationalen Zügen angefahren wird und mehrere Gleise hat, besitzt einen Aufzug. Doch damals weit gefehlt! Wir kamen gegen Abend an, übernachteten in Passau und wollten morgens den Zug nehmen. Als wir uns erkundigten, wie wir das am besten bewerkstelligen konnten, ohne das ganze Gepäck abzuladen, Räder, Taschen und Hänger einzeln hochzutragen, hieß es, wir müssten das am Schalter anmelden, dann würden wir von einem Bediensteten der Bahn über die Gleise geführt.

Doch als wir dann am nächsten Morgen an eben diesem Schalter anfragten, wusste erst mal niemand, dass Aktionen solcher Art durchgeführt werden würden. Es musste telefoniert und nachgefragt werden – das dauerte. Zum Glück waren wir frühzeitig dort gewesen und schafften es gerade noch zum Zug.

Inzwischen wurde der Bahnhof von Passau modernisiert und ist jetzt barrierefrei. Doch das gilt noch lange nicht für jeden Bahnhof! Bei An- oder Abfahrten von Gleis 1 muss man auf kleinen Bahnhöfen meist nicht durch eine Unterführung. Bei Gleis 2 usw. sollte man Vorsicht walten lassen, denn das bedeutet gewöhnlich Trepp ab und Trepp auf. Bei großen Bahnhöfen gibt es häufig Aufzüge – doch wie das Beispiel von oben zeigt, sollte man sich darauf nicht verlassen und nachforschen, ob der entsprechende Bahnhof auch wirklich barrierefrei ist.

Achtung: Meist sind Aufzüge so eng bemessen, dass nur ein bepacktes Rad hineinpasst und ein Radanhänger abgekoppelt werden muss. Deshalb: Genügend Zeit für den Weg zum Gleis einplanen!

Ein anderes Dilemma passierte uns in den Niederlanden. Dort, wie auch in Deutschland oder anderen europäischen Ländern, darf man mit dem Rad nur einen dafür ausgewiesenen Wagon benutzen. Das taten wir auch. Wir und eine Mutter mit großem Kinderwagen stiegen von links in den entsprechenden Wagon ein. Als wir eine Weile gefahren waren, fiel mein Blick auf einen Aufkleber, der auf der rechten Tür angebracht war. Darauf stand: Defekt! Wir fragten uns: Was, wenn wir möglicherweise rechts aussteigen müssen?

Zuerst einmal dachten wir: Das kann nicht sein! Die lassen uns nicht links einsteigen, wenn man später rechts aussteigen muss, das aber gar nicht möglich ist. Doch der Zug stoppte auch an rechtsgelegenen

Bahnsteigen, und schließlich weiß ja niemand, ob ein Radfahrer oder eine Mutter mit Kinderwagen vielleicht gerade an einem rechtsseitigen Bahnsteig aussteigen möchte.

Langsam wurden wir unruhig und bezogen die Mutter mit in unsere Überlegungen ein. Sie fuhr ebenfalls nach Den Haag und wusste aus Erfahrung, dass der Ausstieg dort tatsächlich rechts lag!

Mein Mann suchte den Zugführer und kam mit ihm zurück. Der starrte etwas ratlos auf den Aufkleber und verneinte unsere Frage, ob er denn die defekte Tür mit irgendeinem Hilfsmittel öffnen kann. - Aber bitte, wie sollten wir da aus dem Zug kommen?

Durch den anschließenden Wagen - das war die einzige Möglichkeit! Nur war der Gang dort so schmal, dass weder wir mit unseren bepackten Rädern noch die Frau mit ihrem recht großen Kinderwagen durchpassten. Dummerweise blieb der Zug in Den Haag auch nur ein paar Minuten stehen und fuhr dann gleich wieder zurück. Kamen wir nicht rechtzeitig raus, mussten wir, wie der Schaffner zerknirscht zugab, wieder mit zurückfahren.

Wir packten in Windeseile unser Gepäck ab – kein leichtes Unterfangen, denn da wir sehr lange unterwegs waren und mit Hund fuhren führten wir eine Menge Zeug mit uns. In Den Haag angekommen, trug der Zugbegleiter mit der Frau den Kinderwagen über die Sitze hinweg raus. Wir schafften alle Taschen, den Hund und den Hundekorb einzeln durch den Wagon nach draußen und holten dann die Räder nach. Kaum hatten wir alles rausbefördert, fuhr der

Zug auch schon wieder ab, und wir mussten unsere Räder wieder bepacken.

Und nicht, dass Sie jetzt denken, so etwas könnte in Deutschland nicht passieren …!

Das größte Rückreiseabenteuer erlebten wir uns allerdings in Frankreich. Von unserem Zuhause im Chiemgau waren wir an den Atlantik geradelt. Auf dieser Wegstrecke von 2100 Kilometern, die wir wie üblich mit Hund und schwerem Gepäck gemeistert hatten, war alles gut gegangen. Kein Unfall, niemand krank geworden, keine Panne. Doch die Rückreise entwickelte sich als einziges Drama.

Eigentlich war geplant, noch bis Belgien weiter zu radeln. Doch wegen des seit Wochen anhaltenden schlechten Wetters beschlossen wir in St. Nazaire an der französischen Atlantikküste unsere Reise zu beendeten. Darum hatten wir uns auf eine Heimreise von Frankreich aus nicht vorbereitet – was natürlich durchaus leichtsinnig gewesen war.

Dass in Frankreich alle Züge grundsätzlich über Paris gingen (es gibt keinerlei Querverbindungen), wussten wir. Also mussten wir zuerst einmal nach Paris. Doch es zeigte sich, dass es sehr schwierig war, mit den Rädern aus St. Nazaire wegzukommen, weil die wenigen ausgewiesenen Plätze für Räder bereits ausgebucht waren. Nach einigem Hin und Her gelang es uns, zwei Plätze für einen Zug zu ergattern, der drei Tage später fahren würde. Bis Nantes mit einem Regionalen Zug, dort umsteigen in einen Schnellzug nach Paris. Allerdings waren sich die Beamten am Fahrkartenschalter nicht einig, ob eine Fahrt von Nantes bis Paris mit den Rädern überhaupt möglich sei. Aber schließlich hielten wir glücklich und erleichtert Karten bis Paris für uns, den Hund und die Räder in Händen.

Wir beschlossen, einen Teil unseres Gepäcks mit der Post nach Hause zu schicken, damit sie nicht ganz so sperrig und schwer waren. Das erwies sich als kluge Entscheidung, wie wir später noch feststellen sollten.

Am Nachmittag vor unserer geplanten Heimreise – der Zug sollte am Abend gehen, aus dem Hotel hatten wir natürlich bereits ausgecheckt – zeigte ein Blick ins Internet, dass unser Zug gecancelt war. Erschrocken fuhren wir zum Bahnhof. Dort erklärte man uns, dass es am Bahnhof in Paris Probleme mit der Elektrik gab, der Zug deshalb nicht einfahren konnte. Zum Glück erhielten wir schon für den nächsten Morgen sehr früh neue Tickets. Also ins Hotel zurück, ein Zimmer buchen, morgens um 6 Uhr wieder am Bahnhof sein.

Im Zug zeigte sich dann aber, dass es keinen Platz zum Abstellen der Räder gab, man musste sie in einer Vorrichtung aufhängen. Mit Gepäck war das jedoch nicht möglich, außerdem fahren wir Pedelecs, die grundsätzlich für solche Aufhängungen zu schwer sind. Wir stellten die Räder neben die Aufhängung, Fahrgäste kamen nur mit eingezogenem Bauch an ihnen vorbei.

Als wir am Bahnsteig in Nantes zwei Zugbegleiter fragten, ob das der richtige Zug sei, bejahten sie, meinten aber kopfschüttelnd und mit abschätzendem Blick: Mit den Rädern nicht möglich. Doch sie ließen uns ziehen. Wir suchten unser Abteil (wir hatten ja Platzkarten, und zwar für uns, den Hund UND die Räder) und stellten fest, dass es nur für uns Plätze gab. Mit Ach und Krach quetschten wir die Räder in den Zug. Sie blockierten den Gang, stießen vorne und hinten an, keiner konnte mehr auf die Toilette. Ich nahm den letzten (!) Platz im Abteil, den Hund legte ich unter meinem Sitz ab, mein Mann bliebt neben den Rädern im Flur stehen. Die Leute im Abteil beobachteten die Angelegenheit zwar schweigend, doch der eine oder andere Blick sprach Bände.

Als die beiden Schaffner kamen und unsere Tickets sahen, waren sie etwas ratlos. Die für die Räder hätte man uns gar nicht verkaufen dürfen.

Aber nun waren wir glücklich in Paris gelandet und fürs Erste erleichtert.

Paris verfügt über vier Bahnhöfe. Die Bahnhöfe Nord, Ost, Süd und West. Wir kamen am Bahnhof Süd an und mussten nun mit den Rädern durch halb Paris zum Bahnhof Ost fahren, denn von dort gehen die Züge nach Deutschland. Mit dem Rad durch Paris fahren ist durchaus möglich, wenn man die Nerven behält. Man muss sich mal hier und mal da durchschlängeln, kann Busspuren nehmen und kommt irgendwann lebend an. Das war also nicht das Problem. Das Problem war, dass wir von Paris definitiv nicht mehr weiterkamen. Aussichtslos. Selbst wenn wir in Kauf genommen hätten, mit Bummelzügen (mehrmaliges Umsteigen, einmal übernachten) ewig unterwegs zu sein – unsere schweren Räder mitsamt

dem Gepäck, das wäre einfach nicht möglich gewesen.

Also habe ich mir in Paris ein Zimmer genommen, bin
mit Hund und Rädern dageblieben, mein Mann fuhr
mit dem Zug nach Hause und holte das Auto. Unsere
abenteuerliche Rückreise war nicht nur ein einziges
Chaos, sie verschlang auch fast ein Drittel dessen,
was wir für die gesamte Reise ausgegeben haben.

Solche Erfahrungen, die zeigen wie wichtig es ist,
sich auf die Rückreise genauso gut vorzubereiten,
wie auf die Reise selbst, haben uns animiert, diesen
Ratgeber zu schreiben. Wir bringen nicht nur unsere
eigenen Erfahrungen ein, sondern haben auch ausführlich recherchiert und Anfragen bei Bahn und
Fluggesellschaften gestartet. Doch weil sich Gege-

benheiten von einem auf den anderen Moment verändern können weisen wir ausdrücklich darauf hin, dass es ratsam ist, vor Abreise noch einmal Erkundigungen einzuziehen.

Noch ein kleines Malheur will ich Ihnen nicht vorenthalten, das allerdings nichts mit dem eigentlichen Thema 'Rückreise' zu tun hat. Auf unserer Tour nach Frankreich starteten wir früh morgens in Konstanz. Der weitere Weg führte uns erst einmal durch die Schweiz. Wir waren ohne Frühstück losgefahren und bekamen nun Hunger. Erst jetzt wurde uns bewusst, dass wir in der Schweiz ja Franken brauchten, um zu bezahlen. In den kleinen, malerischen Dörfern fanden wir aber keinen Bankautomaten. Schließlich fragten wir in einem Café mit Bäckerei, ob wir auch mit Euro bezahlen könnten. Konnten wir. Allerdings wurde nur 1 zu 1 umgewechselt. Was macht man nicht alles, wenn man jetzt endlich und sofort eine Tasse Kaffee braucht. Wir bezahlten 16 Euro für zwei doppelte Espresso und vier Croissants. Fazit: Wer auf seiner Tour die Schweiz kreuzt, sollte nicht vergessen, Geld zu wechseln!

Aufzüge an Bahnhöfen, so es überhaupt welche gibt, sind so eng bemessen, dass nur ein bepacktes Rad ohne Anhänger hineinpasst. Deshalb zum Umsteigen immer genug Zeit einplanen!

An- und/oder Rückreise mit dem eigenen Auto

Falls das Ziel nicht mit öffentlichen Verkehrsmitteln zu erreichen ist, liegt es nahe, mit dem Auto zu fahren. Startet man eine Rundreise, ist das einzige Problem, am Ausgangspunkt den passenden Parkplatz für ein-, zwei- oder drei Wochen zu finden. Oft gibt es an Bahnhöfen Langzeitparkplätze. In größeren Städten bietet sich auch ein Parkhaus mit Langzeitdeck an. Übernachtet man und beginnt seine Tour erst am nächsten Morgen, kann man vielleicht mit dem Hotel eine Vereinbarung treffen oder erhält dort zumindest einen guten Tipp. Auch eine Wohnsiedlung am Ortsrand kann eine gute Möglichkeit sein, das Auto sicher abzustellen.

Schwieriger ist es, wenn man keine Rundreise, sondern eine Tour von A nach B unternimmt. Natürlich könnte man sich von Familie oder Freunden bringen und wieder nach Hause holen lassen. Doch nicht immer findet sich jemand, der Urlaubstage opfert, um einen zu einem weitentfernten Startpunkt zu fahren und später von irgendwo wieder abzuholen.

Unsere Lösung, mehrfach praktiziert, mag auf den ersten Blick etwas umständlich erscheinen, ist aber auf den zweiten doch gar nicht so abwegig. Sie fahren mit dem eigenen Wagen zum Startpunkt Ihrer Reise. Eine Übernachtungsmöglichkeit haben Sie bereits von zu Hause aus gebucht. Dort laden Sie Ihre Räder samt Gepäck ab und parken das Auto.

Ist Ihre Reiseroute nicht allzu lang, fahren Sie die Tour bis zum Ziel. Am nächsten Morgen fährt von dort eine Person mit dem Zug oder Bus zum Auto zurück und holt es ab.

Geht die Radreise über eine längere Wegstrecke, kann man das Auto auch schon auf der Hälfte der Tour nachholen. Einmal einen Tag die Beine zu schonen ist ohnehin anzuraten, und wenn man im Auto frische Wäsche, Handtücher oder Dinge zum Nachfüllen deponiert, muss man sie die erste Wegstrecke nicht mitschleppen.

Erlaubt es die Zeit, kann die Person, die das Auto holt, es auch gleich bis zum Ziel bringen und dann mit Öffentlichen zurückkommen. So wartet das Auto bereits am Zielpunkt, dort kann man die Räder aufladen und nach Hause fahren. Diese Methode ist praktisch für kleinere Touren von nur drei- oder vierhundert Kilometern. Vor allem auch dann, wenn man einen Fahrradanhänger mitführt, was in den Öffentlichen leider nicht erlaubt ist.

Auf diese Weise haben wir einige Radreisen unternommen, die fernab von unserem Zuhause lagen und für die es keine anderen Transportmöglichkeiten gab.

Was man beim Radtransport mit dem Auto beachten muss

Es gibt inzwischen Radträger, die sehr leicht sind und die man zu einem Koffer zusammenklappen kann. Wenn man öfter zu Radreisen aufbricht, lohnt sich eventuell eine solche Neuanschaffung. Denn parkt man das Auto längere Zeit, ist es sinnvoll, den Radträger im Innenraum zu verstauen. So ragt er nicht über die Parkfläche hinaus, man vermeidet Schäden durch andere, die beim Ausscheren aus ihrem Parkplatz den tiefliegenden Radträger übersehen, und die Gefahr von Diebstahl ist nicht gegeben.

Transportier man die Räder auf einem Heckträger, ist eine Beleuchtungsanlage des Heckträgers und ein Folgekennzeichen Pflicht.

Achtung: Nicht in allen Ländern wird ein rotes Kennzeichen anerkannt!

Die Räder dürfen seitlich nicht mehr als 40 Zentimeter über die Schlussleuchte hinausragen, und insgesamt darf das Auto mit den Rädern nicht breiter als 2,55 Meter sein. Steht die Ladung in der Länge mehr als 1 Meter vom Fahrzeug ab, ist sie durch eine hellrote, 30 x 30 cm große Warntafel kenntlich zu machen. Bei Dunkelheit sind zusätzlich an den seitlichen Enden der Ladung Schlusslichter/Rückstrahler anzubringen.

Achtung: In Italien ist es grundsätzlich Pflicht, eine rot-weiße Warntafel am Radträger anzubringen, egal wie weit der Ständer vom Auto absteht, ansonsten bezahlt man Bußgeld.

Die Traglast des Trägers und die Stützlast der Anhängerkupplung dürfen nicht überschritten werden, was bei Pedelecs schnell einmal passieren kann. Die gängigen Elektroräder wiegen inklusive Akku zwischen 20 und 28 Kilogramm. Um Gewicht zu sparen und solche Teile zu schonen, legt man die Akkus und andere abnehmbare Dinge während des Transportes am besten ins Auto. Elektrische Teile wie das Bedienelement schützt man vor Nässe und Regen mit Hilfe einer festen Plastiktüte, denn durch den Fahrtwind kann Nässe in die empfindlichen Teile gepresst werden. Zu bedenken ist auch, dass Halterungen und Standschienen vieler Trägersysteme für den breiteren Rahmen eines Pedelecs oft zu knapp bemessen sind. Wenn Rad oder Träger neu sind, sollten Sie rechtzeitig ausprobieren, ob auch alles passt.

Die zulässige Stützlast für die Anhängekupplung steht gewöhnlich in der Bedienungsanleitung. Bei nachgerüsteten Kupplungen können Sie die Stützlast den zugehörigen Zulassungspapieren entnehmen.

Da immer mehr Menschen Pedelecs fahren, wurden inzwischen spezielle Heckträger für solche schweren Räder entwickelt (auch hierfür gibt es zusammenklappbare Modelle). Sie sind für höhere Lasten geeignet, Halterung und Standschienen sind angemessen, und in der Regel können sie auch mitsamt den Rädern abgeklappt werden, um ins Heck oder an den Kofferraum zu gelangen.

Tipp: Es gibt Auffahrrampen, die das Laden schwerer Räder erleichtern.

Sind die Räder schließlich aufgeladen und befestigt, sichern Sie sie zusätzlich noch mit Spanngummis. Nach den ersten zwanzig Kilometer, empfiehlt es sich anzuhalten und zu kontrollieren, ob Ihre Räder noch festsitzen oder ob nachgegurtet werden muss.

Sind die Räder am Zielort abgeladen und haben Sie keinen Ständer, den sie im Wagen aufbewahren können, klappen Sie ihn in jedem Fall hoch, denn ein hinter Ihnen parkendes Auto kann einen tiefgelegenen und nicht beladenen Heckträger beim Rangieren leicht übersehen.

Dachträger sind schwieriger zu montieren und zu beladen als Heckträger. Generell ungeeignet für Fahrradträger auf dem Autodach sind deshalb Elektroräder. Ein schweres Pedelec aufs Dach zu hieven, ist schon für junge Leute nicht ganz einfach, erstrecht nicht für ältere. Außerdem wird die zulässige Dachlast hier sehr schnell überschritten. Wie hoch die zulässige Dachlast Ihres PKW ist, finden Sie in der Bedienungsanleitung. Sie beträgt je nach Fahrzeugtyp mit Ausnahmen zwischen 50 und 100 Kilogramm.

Auch für den Transport auf dem Dach gilt, lieber doppelt und dreifach befestigen, als das Rad zu verlieren und damit Menschenleben zu gefährden. Und vergessen Sie nicht, dass die ungewohnte Höhe Ihres Fahrzeuges bei niederen Unterführungen und der Einfahrt in Tiefgaragen zum Problem werden kann.

An- und/oder Rückreise mit dem Zug

Wenn man eine Radreise von A nach B unternimmt und die Möglichkeit hat, mit dem Zug anzureisen und wieder nach Hause zu fahren, ist das ideal. Allerdings haben wir hierbei, wie Sie weiter oben lesen konnten, schon so manches Mal unser blaues Wunder erlebt.

Bei der Deutschen Bahn gilt für die Radmitnahme die grobe Regel: Im Fernverkehr muss reserviert werden, im Nahverkehr ist eine Reservierung nicht möglich und muss man auf einen freien Platz hoffen. Ausnahmen bilden regionale Sperrzeiten, dann müssen Räder draußen bleiben.

Zwar hat die DB in den letzten Jahren aufgrund der gestiegenen Nachfrage ihre Kapazitäten für die Radmitnahme erhöht und bietet auf einigen Strecken, vermehrt auch in Nachtzügen, mehrere Fahrradabteile an, trotzdem ist das zur Hauptreisezeit noch immer nicht ausreichend. Deshalb empfiehlt es sich, möglichst frühzeitig zu reservieren und am besten wenig ausgelastete Züge zu nutzen! Auch haben Rollstuhlfahrer und Fahrgäste mit Kinderwagen, die im selben Abteil fahren, bei der Beförderung grundsätzlich Vorrang! Gerade dort, wo viele Radler unterwegs sind, ist eine rechtzeitige Fahrrad-Platzreservierung unbedingt nötig, sonst läuft man Gefahr, auf den nächsten oder übernächsten Zug und im Extremfall sogar mehrere Tage warten zu müssen, so wie uns das zum Beispiel in Frankreich passiert ist.

Achtung: Die Bestimmungen der DB, nach denen wir uns hier richtigen, gelten nicht unbedingt auch für private Betreiber, wie z.B. die Erzgebirgsbahn in Sachsen, die Kurhessenbahn in Hessen oder die Südostbayernbahn in Bayern. Auch kostet die Fahrradmitnahme in manchen Zügen einiger weniger Bundesländer nichts, meistens muss man aber eine extra Karte fürs Rad lösen. Wenn Sie auf langen Strecken durch verschiedene Bundesländer reisen und Privatbahnen benützen, müssen Sie deshalb vor Ihrer Zugreise genau und gut genug recherchieren.

Zwei kleine Hilfestellungen:

1. Wenn in den Fahrplanmedien mit einem Fahrrad-Symbol darauf hingewiesen wird, ist die Mitnahme von Rädern und Pedelecs im ICE und IC/EC möglich.
2. Gibt man bei der Verbindungssuche im Internet Fahrradmitnahme ein und ist in diesem Zug keine Mitnahme möglich, wird auch keine Verbindung/Buchung angezeigt.

Auch die entsprechenden Zugabteile sind mit einem Fahrradsymbol gekennzeichnet. In manchen Zügen müssen Fahrräder grundsätzlich in eine Vorrichtung gehängt werden. Mit großem Gepäck ist das lästig, denn man muss abladen, und Pedelecs sind oft zu schwer für diese Halterungen. In Nahverkehrszügen, z.B. im RegionalExpress, der Regionalbahn oder dem StadtExpress ist die Mitnahme grundsätzlich erlaubt, kann jedoch vom Bordpersonal verweigert werden, wenn der Zug überfüllt ist und die Räder zu Behinderungen führen würde. Für Gruppen von mehr als fünf Fahrrädern gelten Ausnahmeregelungen! Hier ist grundsätzlich eine Stellplatzreservierung Pflicht.

1. Die Mitnahme von Pedelecs ist gestattet, die von Mopeds und Lastenrädern (fester Aufbau für Kinder, Transportkiste usw.) nicht.
2. Der Akku eines Pedelecs muss während der Fahrt fest montiert bleiben oder sicher im Handgepäck untergebracht werden und darf nicht geladen werden.
3. Falträder gelten zusammengeklappt als Gepäckstück und dürfen auch ohne genehmigten Fahrradstellplatz mitgenommen werden.

Wichtig: Sie benötigen ein Ticket für Ihr Rad! Anhänger für Ihr Fahrrad dürfen nur mitgeführt werden, wenn sie zusammenklappbar sind, trotzdem benötigt man für das Mitführen eine separate Karte. Nur in manchen Privatbahnen einiger weniger Bundesländer muss nichts für das Rad bezahlt werden.

Wenn Sie mit Hund reisen und er nicht größer als eine große Katze ist, können Sie ihn in einer Tasche kostenlos mitnehmen. Ist er größer, benötigt auch er eine Fahrkarte (zum halben Preis eines Erwachsenen). Er muss angeleint sein und einen Maulkorb tragen. Wir legen ihm ersatzweise ein Halti (Kopfhalfter) um, das wurde bisher immer akzeptiert. Allerdings können wir dafür keine Garantie übernehmen …

Bleibt als Alternative noch die Möglichkeit, sein Fahrrad zu zerlegen, dann nämlich ist in vielen internationalen Hochgeschwindigkeitszügen, wie z.B. den Intercitys, dem Eurostar, Thalys oder TGV, die Mitnahme als Handgepäck erlaubt und damit kostenlos. Die Transporttasche darf allerdings ein Maß von 120 x 90 cm nicht übersteigen.

Tipp: Unter der Hotline Tel: 0180 6 99 66 33 erhalten Sie Auskunft zu allen Fragen rund ums Bahnfahren mit Rad, zu Verbindungen mit Fahrradmitnahme und -versand und können telefonisch Fahrradkarten der Deutschen Bahn kaufen oder Fahrradstellplätze im Fernverkehr reservieren. Oder informieren Sie sich im Internet unter www.bahn.de und klicken Sie dort auf den Link 'Fahrrad und Bahn'.

Fahrradmitnahme in Zügen anderer Länder

Die Fahrradmitnahme ist u.a. in Italien, Österreich, Polen, der Schweiz, der Slowakei, Tschechien, Ungarn, Dänemark und den Benelux-Ländern möglich. Doch Achtung, nur in dafür ausgewiesenen Zügen! Die Fahrradmitnahme in Frankreich ist seit etwa 2014 nahezu unmöglich geworden. Man benötigt grundsätzlich Platzkarten, die sehr eng bemessen sind, und kann nur in Regionalzügen fahren. Da alle Züge über Paris gehen, muss man oft weite Umwege in Kauf nehmen. Für eine Strecke von Paris bis Straßburg benötigt man bis zu 12 Stunden, und das viele Umsteigen mit beladenen Rädern ist purer Stress.

Tipp: Wenn man im Internet bei der Bahnstreckenplanung 'Fahrradmitnahme' eingibt, wird eine Verbindung nur angezeigt, wenn die Mitnahme tatsächlich möglich ist. Wird keine Verbindung angezeigt, ist auch keine Mitnahme möglich.

Für die grenzüberschreitende Fahrradmitnahme ist eine internationale Fahrradkarte erforderlich. Innerhalb Deutschlands beinhaltet der Kauf einer solchen Karte eine kostenlose Stellplatzreservierung, doch beim Umsteigen in Nahverkehrszüge der Bahnen anderer Länder gilt das nicht unbedingt! Deshalb: Informieren Sie sich auch diesbezüglich vorab über Gepflogenheiten und Benutzungsbeschränkungen!

Auch für Auslandsfahrten erhalten Sie Hinweise und Informationen zu Verbindungen mit Fahrradmitnahme in allen DB Verkaufsstellen, sowie online oder per Telefon (siehe unten).

Erkundigen Sie sich unbedingt bereits vor Ihrer Abfahrt von zu Hause aus, was Sie bei Fahrradmitnahme in Ihrem Reiseland beachten müssen. Und wenn Sie abschätzen können, wann Sie zurückreisen, empfehlen wir auch die Rückreise schon von Deutschland aus zu buchen. Einerseits wegen eventueller sprachlicher Schwierigkeiten, aber auch weil es im Ausland nicht immer ganz so genau zugeht (Beispiel unsere Erfahrung in Frankreich). Sollten Sie auf Ihrer Tour mehrere Länder durchreisen, ist es anzuraten, sich für den Notfall Rückreiseinfos all dieser Länder zu notieren, denn man weiß ja nie, ob man abbrechen muss.

Fahrradkarten und Stellplätze für Reisen ins Ausland sind nur in den DB Reisezentren oder DB Agenturen direkt buchbar. Oder Sie bestellen Ihre internationalen Fahrradkarten mit den dazu gehörige Stellplatzreservierungen Online oder telefonisch unter der Service-Rufnummer Tel: 0180 6 99 66 33 und erhalten sie per Post. Die passenden Verbindungen finden Sie auf ebenfalls auf www.bahn.de oder in der App DB Navigator nach passenden Verbindungen. Gibt es immer noch offene Fragen, erteilt man Ihnen bei der Hotline der DB (selbe Telefonnummer) auch fürs Ausland Auskunft.

Achtung: Für die Rückfahrt aus Frankreich (ausschließlich Regionalzüge) können Stellplatzreservierungen nur direkt vor Ort gebucht werden! Aus eigener Erfahrung wissen wir (siehe oben), dass es Stellplätze so gut wie nicht gibt und Räder aufgehängt werden müssen. Wenn man Glück hat, drückt der Zugbegleiter bei nicht aufgehängten Rädern ein Auge zu, aber rechnen darf man damit nicht.

Bleibt als Alternative noch die Möglichkeit, sein Fahrrad zu zerlegen, dann nämlich ist in vielen internationalen Hochgeschwindigkeitszügen, wie z.B. den Intercitys, dem Eurostar, Thalys oder TGV, die Mitnahme als Handgepäck erlaubt und damit kostenlos. Die Transporttasche darf allerdings ein Maß von 120 x 90 cm nicht übersteigen. Aber wer kann und will das schon, und bei schweren Rädern und Pedelecs ist da schier unmöglich.

Ein Pedelec mit großem Gepäck lässt sich nicht in Fahrradaufhängungen unterbringen.

Das Fahrrad als Gepäckstück verschicken

Das Fahrrad per Kurier ans Urlaubsziel vorzuschicken ist eine bequeme Lösung. Der Fahrradtransport, den die Bahn in Kooperation mit Hermes anbietet, ist innerhalb Deutschlands und auch nach Österreich möglich. Man schickt sein Fahrrad einfach an das Hotel, von dem aus man starten will bzw. vom Ziel nach Hause. Der DB Gepäckservice holt Ihr Fahrrad und anderes Gepäck an der Haustür ab und bringt es sicher und zuverlässig zu Ihrem Wunschziel. Das ist über Hermes allerdings nur in Verbindung mit einer Bahnfahrt möglich. Ohne Bahnkarte transportiert Hermes keine Fahrräder, und Pedelecs nimmt Hermes nur ohne Akkus mit. Die müssten Sie dann getrennt in Ihrem Gepäck mitführen.

Wer sein Fahrrad verschicken will, ohne mit der Bahn zu fahren hat diverse Möglichkeit, denn fast alle Paketdienste bieten Fahrradversand an. Vergleiche lohnen sich, denn die Preisspanne reicht von günstig bis teuer. Geeignete Fahrradverpackungen bekommen Sie direkt beim Transporteur oder, falls diese nicht zur Verfügung gestellt werden, im Fachhandel oder bei Baumärkten.

Achtung: Die Verpackungs-Richtlinien können von Anbieter zu Anbieter unterschiedlich sein! Erkundigen Sie sich vorab unbedingt.

Einige Internetadressen von Fahrradtransporteure haben wir für Sie zusammengetragen. Googlen Sie nach folgenden Firmen: Paket.ag - fahrradversenden.de, Cargo international, Noxxlogistic und Ilox.

Bei der Verschickung ist einiges zu beachten.

1. Sie benötigen eine spezielle Verpackung, die
   zum Teil kostenlos zubuchbar ist. Hierzu gibt die
   Transportfirma Auskunft.
2. Nicht fest montierte Teile (Klingeln, Pedale
   usw.) müssen abgeschraubt und sicher am Rad
   befestigt werden.
3. Pedelecs werden gewöhnlich nur ohne Akku
   transportiert. Die müssten Sie dann im Handgepäck mitführen oder als Gepäckstück versen-
   den. Dann müssen sie so verpackt werden, dass
   sie sich in der Verpackung nicht bewegen können. Sie müssen unbeschädigt sein, die Kontakt-
   stellen klebt man am besten ab. Wer sichergehen möchte, sollte sich an seinen Fahrradhändler wenden, der ordnungsgemäße Verpackun-
   gen bereitstellen kann. Weitere Infos erteilt der
   Transporteur.

An- oder Heimreise mit dem Bus

Eine Alternative zur Bahnfahrt kann auch die An- oder Abreise mit dem Fernbus sein, so das Ziel in Großstadtnähe liegt. Gegen einen Aufpreis lassen sich Fahrräder in der Regel mit mitnehmen. Aber die Plätze sind meist auf zwei bis drei pro Bus begrenzt. Hier gilt: frühzeitig buchen. Allerdings werden Pedelecs nicht von jeder Buslinie mitgenommen. Deshalb sollte man, wenn man sich nach einem Platz fürs Rad erkundigt, explizit darauf hinweisen, dass man ein Pedelec fährt.

In einigen Fernbussen (z.B. bei FlixBus) kommen die Räder auf einen Radständer, bei anderen in den Gepäckraum. Da für das Gepäck keine Haftung bei Schäden am Rad übernommen wird, sollte man empfindliche Teile sichern. Auch Packtaschen müssen in den Gepäckraum und werden als Sperrgepäckstück berechnet. Um alles beieinander zu halten, kann man sämtliche Taschen in einem Sack verpacken (der ist schnell aus festem Stoff genäht) und so gleichzeitig Geld sparen, da es dann ja nur als ein Gepäckstück berechnet wird.

Alles über Linien und Preise erfahren Sie auf Fernbus-Portalen wie

- www.fernbusse.de
- www.busliniensuche.de
- www.checkmybus.de

Leider geben aber nicht alle Fernbusbetreiber an, ob auf ihren Strecken auch ein Fahrrad mitgenommen werden kann, man muss sich erkundigen.

Hier ein interessanter Link für Fernbus-Reisen ins Ausland:

http://radreise-wiki.de/Fahrradtransport_im_Fernbus

Tipp für Urlauber an einem festen Standort: Beliebte Ferienziele, wie z.B. der Chiemsee, bieten zur warmen Reisezeit immer öfter auch Busverbindungen mit Fahrradmitnahme an. Das kann nicht nur von Vorteil sein, um zum Ausgangspunkt einer Radtour zu gelangen, man kann so auch topographisch (zu) anspruchsvolle Streckenabschnitte überwinden oder bei Schlechtwettereinbrüchen wieder zum Ausgangspunkt zurückkehren. Fragen Sie bei der Touristenauskunft Ihres Urlaubsortes nach.

Mitfahren im Stadtbus

Sollten Sie im Stadtverkehr aus irgendeinem Grund gezwungen sein, den Bus oder die U-Bahn zu nehmen, ist das grundsätzlich möglich, man benötigt jedoch ein Ticket für das Rad, und es muss auf der dafür vorgesehenen Sonderfläche transportiert werden. Ein Recht auf Mitnahme besteht allerdings nicht. Ist die Sonderfläche bereits mit Rollatoren, Kinderwagen oder von einem Rollstuhlfahrer belegt, muss der Radfahrer auf den nächsten Bus warten. Beim Einsteigen haben Rollstuhlfahrer und Mütter mit Kinderwagen Vorrang! Aussteigen muss ein Radfahrer aber nicht, falls er bereits im Bus mitfährt und ein Rollstuhlfahrer zusteigen möchte.

Übrigens: Moderne Gelenkbusse haben auch hinten noch eine Stellfläche, und wer ein Fahrrad-Tagesticket gezogen hat, kann sein Rad den ganzen Tag im Bus und auch in der S-Bahn mitnehmen.

An- und/oder Rückreise mit dem Shuttlebus (Rückholservice)

Inzwischen gibt es schon viele Urlaubsregionen, wie u.a. der Chiemgau oder der Heidekreis, die Radmitnahme in Bussen anbieten, damit an Ausflugsziele in der Umgebung gelangen und wieder zurückfahren kann.

Für längere Strecken sind es meist private Shuttlebus-Unternehmen, die eine Rückreisen von Zielen beliebter Fluss- oder Fernradwege ermöglichen. Wenn Sie also zum Beispiel in Regensburg wohnen und den Alpe-Adria-Radweg fahren wollen, fahren Sie mit Auto, Zug oder Bus nach Salzburg, von dort mit dem Rad bis Grado (Endziel) und können von Grado aus einen Shuttlebus bis Salzburg zurück buchen. Wer irgendwo an der Wegstrecke lebt kann auch unterwegs aussteigen. Das ist das Shuttlebus-Prinzip.

Bei vielbefahrenen Radrouten hat man meist die Wahl zwischen mehreren Firmen. Hier lohnt sich ein Vergleich der Preise und Konditionen. Bei manchen Firmen wird man gezwungen, auch dann den vollen Preis zu bezahlen, wenn man die Rückfahrt nicht antreten kann, weil man z.B. eine Panne hatte oder aus anderen Gründen nie am Ziel ankam. Andere Firmen sind hingegen sogar so kulant, dass man dann gar nichts bezahlen muss. Wir haben selbst in der Nachsaison erlebt, dass Radfahrer zur Abfahrtstelle kamen und vergeblich auf eine Rückreisemöglichkeit hofften, weil sie nicht gebucht hatten. Dass freigewordene Plätze nicht genutzt werden, dürfte also höchst selten passieren – für den Betreiber des Shuttleunternehmers wäre das aber ein willkommener Doppelverdienst.

Wichtig: Gerade zur Hauptsaison gibt es oft Engpässe, deshalb rechtzeitig buchen!

Einige Möglichkeiten haben wir für Sie recherchiert. Diese Liste hat allerdings nicht den Anspruch, vollständig zu sein.

Für Schweden und Frankreich ist dieser Link interessant: www.bike-und-bus.de

Für folgende Radwege können Sie bei Fa. Altenberger www.bikeshuttle.at nachfragen. Innradweg, Etsch-Radweg, Via-Claudia-Augusta Radweg (Venedig, Gardasee), Alpe-Adria-Radweg oder Tauern-Radweg. Mit dieser Firma haben wir beste Erfahrungen gemacht.

Auch für die meisten regionalen Radwandergebiete innerhalb Deutschlands gibt es Shuttlebusse, die meist von den Verkehrsbetrieben und/oder der Bahn angeboten werden. Wie z.B. den „Elbe-Radwanderbus", „Elb-Shuttle", „Heide-Shuttle" – und viele mehr!

Mitfahren im Shuttlebus

An- und/oder Rückreise mit dem Flugzeug

Die Bestimmungen zur Mitnahme von Fahrrädern sind nicht bei allen Fluggesellschaften gleich. Deshalb sollte man die Reisegepäckbestimmungen aller Airlines abchecken, bevor man bucht. Manchen Fluggesellschaften zählt das Fahrrad zum Freigepäck. Damit ist es kostenlos, sofern man die erlaubten Kilos nicht übersteigt. Bei anderen gilt ein Fahrrad grundsätzlich als Sondergepäck, und das kann teuer werden.

Vor Buchung sollte man überprüfen:

- ob die Buchung bestätigt werden muss. Die Anmeldefristen für Sportgepäck kann unter bis zu 48 Stunden vor Abflug betragen,
- ob das Rad bereits vor Antritt der Reise eingecheckt werden muss,
- ob und auf welche Art das Fahrrad verpackt werden muss. Hierbei ist zu bedenken, dass man auch für die Rückreise eine Verpackung benötigt. Genügt als Verpackung eine Stofftasche, kann man sie vielleicht noch im eigenen Gepäck verstauen und bis zur Rückreise aufbewahren, ein Transportkoffer nicht. Karton wiederum kann man entsorgen, muss dann aber für die Rückreise einen neuen besorgen.

- Nachfragen muss man auch, ob es nötig ist, Druck aus den Reifen abzulassen und Kleinteile wie Pedale abzuschrauben. Aber Kleinteile, die leicht entwendet werden können, abbrechen oder verloren gehen, verstaut man ohnehin besser im Handgepäck.

Tipp: Da nicht alle am Check-in-Schalter die Bestimmungen kennen, kann es vor langwierigen Auseinandersetzungen schützen, die Gepäck- und Verpackungsbestimmungen der Airline ausgedruckt dabei zu haben, am besten auch in der Sprache des Ziellandes.

Anzuraten ist eine Reisegepäckversicherung für das Fahrrad. Hier sollte man sich vor Abschluss jedoch ausführlich informieren, welche Transportschäden übernommen werden und ob auch der Verlust des Fahrrades eingeschlossen ist.

Vielleicht wäre es aber auch eine Alternative zur Mitnahme des eigenen Rades, im Reiseland eines zu mieten oder gar zu erwerben. Und wer zu den ganz großen Abenteurern gehört und es schafft, die Donau von der Quelle bis zur Mündung zu fahren, könnte sein Rad in Rumänien verkaufen und mit leichtem Gepäck stolz und glücklich zurückfliegen.

Das Pedelec auf eine Flugreise mitnehmen

Der Transport von Pedelecs im Passagierflugzeug wird von den meisten Fluggesellschaften untersagt, denn Lithium-Ionen-Akkus können explodieren. Das hat folgenden Grund: Sie beinhalten eine Flüssigkeit, die Elektrolyt genannt wird. Elektrolyt besteht aus einem ätzenden, brennbaren und giftigen Chemikalien-Cocktail. Andere Baustoffe des Akkus sind verschiedene Metalle. Durch die Reaktion der Metalle auf das Elektrolyt entsteht schließlich elektrischer Energie. Wird nun aber so ein Lithium-Ionen-Akku überhitzt, löst das im Inneren des Akkus eine thermische Reaktion aus, er heizt sich auf, kann dabei bis zu 1.000 Grad heiß werden, zu brennen anfangen und die Batterie zum Explodieren bringen. Diese 'thermische Reaktion' kann sowohl im Inneren durch beispielsweise einen Kurzschluss entstehen als auch durch äußere Hitzeeinwirkung ausgelöst werden.

Wer sein Pedelec trotzdem auf die Reise mitnehmen möchte, hat die Möglichkeit, es per Frachtflugzeug zu verschicken. Der Akku muss allerdings separat als Gefahrgut verpackt und für den Transport zertifiziert werden.

Einige Fluglinien genehmigen die Mitnahme eines Pedelecs im Passagierflugzeug, wenn der Akku zu Hause bleibt. Das ist nur dann eine Option, wenn sich vor Ort im Handel Pedelec-Akku leihen lässt oder wenn man das Rad während des Urlaubs ohne Motorantrieb fahren will und kann.

Ein Fahrrad mieten

Für Trips von einem oder wenigen Tagen bietet sich an, ein Fahrrad / Pedelec zu mieten. Das kostet zwischen 7 und 40 Euro pro Tag. Je nach Rad ist das nicht unbedingt günstig, eventuell aber günstiger als die Fahrradmitnahme.

Nahezu in ganz Europa kann man über 'BimBim-Bikes' Räder aller Art mieten.

Bei 'upperbike' findet man Räder in Deutschland, Österreich, Liechtenstein, London, Budapest und auf Mallorca. Auch bei der Bundesbahn gibt es einen Mietservice für Räder. Erkundigen Sie sich hier www.callabike-interaktiv.de

Tipp: Nicht immer haben Mietfahrräder oder ein Schloss. Das muss dann extra dazu gemietet oder gekauft werden. Das kann Ihnen auch bei Leihrädern mancher Städte passieren. Deshalb raten wir, eine gute Fahrradkette mitzunehmen, wenn man plant, ein Rad zu mieten.

Die angemessene Kleidung

Man sieht sie immer öfter – Freizeitradler, die in enganliegenden Trikot-Hosen und knallengen Shirts zum Essen, in die Eisdiele oder den Supermarkt gehen.

Scheint die Sonne wieder, haben solche Hosen mit einem Ritz sofort kurze Beine

Egal ob schlank oder korpulent, Mann oder Frau - es ist weder schön, noch entspricht es den Regeln des Anstandes, sich anderen Menschen mit Kleidung zuzumuten, die Körper und Geschlechtsteile hauteng abzeichnet. Derartige Radsportbekleidung ist außerdem nur für Rennradfahrer sinnvoll; sie soll Reibung bei Fahrtwind verhindern, damit man ein paar Zehntelsekunden früher als der Konkurrent am Ziel ist. Beim Radwandern braucht sie niemand! Und wem es um die Polsterung in der Hose geht, die natürlich sinnvoll ist: Radfahrer-Unterwäsche kann man auch unter einer Hose oder einem leichten Rock, sogar unter Jeans tragen. Will man aber partout im Trikot radeln, hat man sich zum Einkaufen oder Essengehen doch schnell eine Hose oder einen Rock übergestreift.

Wichtig ist, dass die Wäsche und Oberbekleidung funktionstüchtig (atmungsaktiv) ist, also Schweiß nach außen abgibt und schnell trocknet. Dazu eine wind- und wasserabweisende Jacke mit Kapuze und Hosen mit abritzbaren Beinen, die man bei warmem Wetter schnell zur kurzen Hose umfunktioniert hat. So ist man gut und praktisch für eine Radreise ausgerüstet. Im Sommer habe ich außerdem immer einen leichten und knitterfreien Rock aus Trikotstoff im Gepäck. Er ist etwas ausgestellt und nicht zu lang und eignet sich prima zum Radfahren! Aber auch in Jeans sind wir schon gefahren, und man reibt sich die Beine keineswegs an den Nähten wund.

Je nach Jahreszeit und Gegend darf auf einer Radwanderung auch Regenkleidung nicht fehlen. Gore-

Tex Jacken und Hosen sind gut, aber sehr teuer. Vaude bietet gute Regenkleidung etwas günstiger an. Auch Handschuhe, eine Regenhose und -jacke oder ein Cape, das man in Windeseile überstreifen kann, gehören zur Grundausstattung, und für den Fall, dass es sich einregnet, haben wir Schuh-Manschetten dabei. Ist man richtig nass geworden, bekommt man seine Sachen bis zum nächsten Morgen vielleicht gar nicht trocken. Dann muss der Föhn herhalten, oder man bittet in der Unterkunft, den Trockner der Vermieter benutzen zu dürfen.

Tipp: Falls Ihr Gepäck nicht hundertprozentig wasserdicht ist, nehmen Sie unbedingt auch eine Regenabdeckung fürs Gepäck mit! Denn nichts ist schlimmer als klamme Klamotten.

Schuhe, Helm und Brille

Schuhe mit Klicksystem – wir besitzen sie nicht und vermissen auch nichts. Aber andere, vor allem Rennradfahrer, schwören darauf, weil man damit fest mit den Pedalen verbunden ist und nicht abrutschen kann. Doch wenn Schuhe mit Klicksystem, dann ist es wichtig, dass man darauf ordentlich laufen kann. Denn gerade bei Radreisen geht man ja hin und wieder auch zu Fuß – man muss mal schieben, will etwas anschauen, geht zur Toilette, zum Einkaufen oder ins Restaurant.

Wir benutzen gute Sportschuhe mit griffigen Sohlen und nehmen für abends ein paar leichte Schuhe mit, weil ein Schuhwechsel den Füßen einfach guttut.

Wenn Sie kein Brillenträger sind, also nicht auf geschliffene Gläser angewiesen, empfiehlt sich eine Radbrille mit UV-Schutz. Sie liegt fest an und schützt die Augen nicht nur vor zu viel Sonnenlicht, sondern auch vor Wind, Insekten und Steinchen.

Das Tragen eines Helms ist zwar gesetzlich nicht vorgeschrieben, aber wenn man bedenkt, wie viele Stunden man auf dem Rad sitzt, wie weit man fährt, wie gefährlich man oft unterwegs ist, gehört er doch zur Ausrüstung. Moderne Helme sind leicht, gut belüftet und müssen gar nicht mehr teuer sein. Für um die 60 Euro bekommt man gute Qualität. Neu auf dem Markt sind schicke Hartschalenhelme, die von der Form her an Polizeihelme erinnern. Es gibt sie in vielen Farben und Mustern.

Gute Fahrt!

Freundlich unterwegs

Was die Höflichkeit betrifft, haben wir auf unseren Radreisen von kleinen Missverständnissen bis hin zu unfreundlichen Pöbeleien schon so manches erlebt. Auf der Inn-Radtour wurden uns einmal von einer Gruppe von Wanderern Beschimpfungen nachgeschrien, obwohl wir langsam an ihnen vorbeifuhren und nichts falsch gemacht hatten: „Ihr Radfahrer, verdammt! Könnt ihr denn nicht zu Fuß gehen!" - Flüche folgten.

Wir verstanden das zuerst gar nicht. Was hatten die Leute für ein Problem? Wollten sie anderen das Radfahren verbieten? Bis wir anhand von Wegweisern entdeckten, dass auf dieser Teilstrecke unserer Radroute auch der Jakobsweg verlief. Dass Rad- und Wanderweg hier zusammengelegt waren hatten wohl auch diese Wanderer nicht gewusst und sich auf ihrer Pilgerfahrt von uns Radlern gestört gefühlt. Trotzdem ist das keinen Grund, andere zu beschimpfen. Auch Pilger haben kein verbrieftes Recht darauf, einen Weg allein zu nutzen – und eigentlich würde man gerade von solchen Leuten etwas Höflichkeit erwarten.

Andererseits beobachteten wir auch immer wieder rücksichtslose Radfahrer, allen voran solche auf Rennrädern, die auf engen Wegen ohne zu klingeln viel zu schnell an Fußgängern vorbeifuhren, nicht mit Kindern rechneten, sich über freilaufende Hunde aufregten – und das, obwohl der Radweg auch als Spazierweg ausgewiesen war. Durch solches Verhalten werden Fußgänger und Radfahrer zu 'Feinden', und das ist doch schade! Ein höfliches und freundliches Miteinander auf den Radwegen dieser Welt kann solche Missverständnisse und Aggressionen vermeiden helfen.

Auch Radfahrer untereinander begegnen sich manchmal sehr feindselig. Wir fuhren einmal auf einem Radweg, der an der Stadtgrenze auf einen linksgelegenen Bürgersteig mündete. Der Bürgersteig war bis zur nächsten Kreuzung für Fußgänger und Radfahrer in beide Richtungen freigegeben. An der Kreuzung wurden Radfahrer, die bis dahin gegen die Fahrtrichtung gefahren waren, dann auf den gegenüberliegenden (rechtsgelegenen) Geh- und Radweg geleitet.

Auf diesem kurzen Abschnitt bis zur Ampel kam uns ein Radfahrer entgegen. Offensichtlich wusste er nicht, dass dieses Teilstück auch für uns erlaubt war. Er ärgerte sich über uns vermeintliche Falschfahrer, fuhr deshalb in der Mitte des Weges und streckte auch noch seinen Arm raus, um uns so auf die Straße abzudrängen. Dabei war ihm wohl egal, dass es eine hohe Bürgersteigkante gab, und er sah natürlich auch nicht, dass auf der Straße Gegenverkehr kam. Um nicht über die hohe Kante des Bürgersteigs vor das entgegenkommende Auto zu fallen, mussten wir von den schwerbepackten Rädern springen – eine wirklich gefährliche Situation! Hier hat der Radfahrer sich sogar strafbar gemacht, aber natürlich war er sich keiner Schuld bewusst und fuhr einfach weiter.

Als wir die Mosel-Radtour und ein andermal an der Loire bis zum Atlantik fuhren, fanden wir es schön, dass uns in Frankreich entgegenkommende Radfahrer alle ein freundliches 'bon jour!' zuriefen. Doch kaum waren wir auf deutschem Gebiet, grüßt keiner mehr, und wir waren mit unserem 'Guten Tag!' ziemlich allein auf weiter Flur. Schade … denn mit ein wenig Freundlichkeit geht doch alles viel leichter und macht auch mehr Spaß!

Was ist erlaubt, was nicht - Verkehrsregeln

Häufig erlebe ich, dass Radfahrern offensichtlich gar nicht klar ist, dass sie ganz normale Verkehrsteilnehmer sind, die sich an die Straßenverkehrsordnung halten müssen. Nutzt ein Radfahrer zum Beispiel den Zebrastreifen, muss er absteigen und schieben, oder er fährt wie ein Autofahrer über die Kreuzung und beachtet dabei die Vorfahrtsregeln. Richtung anzeigen, einordnen, Kurven ausfahren, Schulterblick vor dem Abbiegen – all das ist Pflicht.

Die Geschwindigkeit von Radfahrern sind sehr unterschiedlich, denn Rennradfahrer oder Pedelec-Fahrer dürfen den Radweg genauso nutzen wie Freizeitradler mit Kindern. Auch müssen sich manchmal Radfahrer und Fußgänger den Weg teilen. Ein Recht zum Überholen gibt es aber trotzdem nicht! Doch wenn überholt wird, dann schreibt die Straßenverkehrsordnung (StVO) in Paragraf 5, Absatz 1 vor, dass links vorbeigefahren werden muss! Daraus resultiert: Auch auf Radwegen gilt für Radfahrer das Rechtsfahrgebot! Zudem besteht für Zweiräder wie für Autofahrer die Pflicht, nur so schnell zu fahren, dass man bei Gefahr jederzeit anhalten kann! Auf Gedeih und Verderben vorbeibrettern, nur, weil man ein schnelles Rad besitzt und keine Lust hat, auch für Kinder und Hunde zu bremsen, ist gesetzeswidrig!

Wenn man sich Fußgängern oder Radfahrern von hinten nähert, ist das Tempo zu drosseln und sollte man zur Ankündigung des Überholvorgangs klingeln. Ist man dann auf gleicher Höhe, kommt ein freundliches Danke immer gut an!

Hier wieder ein wenig Gesetzestext: Zwar darf laut Paragraf 5, Absatz 5 der StVO nur außerhalb geschlossener Ortschaften das Überholen durch Klingeln angekündigt werden. Doch dementgegen kann aus dem Gebot der Rücksichtnahme (Paragraf 1

StVO) eine Pflicht erwachsen, auf schmalen Radwegen oder gegenüber unaufmerksamen Radlern oder Fußgängern vor dem Überholen zu warnen. Hier geht der Sicherheitsgewinn vor den Lärmschutz. Fazit: Klingeln aus Jux und Tollerei ist nicht erlaubt, zur Gefahrenvermeidung hingegen schon!

Leider kann man nicht davon ausgehen, dass Autofahrer Rücksicht auf Radfahrer nehmen. Viele tun es, viele aber auch nicht. Andere sind einfach unachtsam oder können nicht einschätzen, wie sich ein Fahrrad als Fahrzeug verhält, weil sie selbst nie Rad fahren. Da das Auto im Zweifel das Recht des Stärkeren besitzt, ist es wichtig, vorausschauend zu fahren und im Fall des Falles lieber auf das eigene Recht auf Vorfahrt zu verzichten. Was nützt es, wenn Sie zwar Vorfahrt hatten, aber Ihre Radreise im Krankenhaus oder gar auf dem Friedhof endet.

Biegt man ab, egal ob nach rechts oder links, sollte man nicht nur ein wenig die Hand heben, sondern den ganzen Arm. Und man streckt ihn, obwohl das nicht vorgeschrieben ist, am besten so lange raus, wie man sein Rad mit einer Hand halten kann.

Das Fahren auf Landstraßen ist nicht unbedingt angenehm und manchmal sogar gefährlich, denn immer wieder überholen Autofahrer rasant und fahren dabei viel zu dicht an einem vorbei. Wirklich gefährlich kann es werden, wenn LKW in einem Affenzahn an einem vorbeibrettern, da der Sog, der dabei entsteht, das schwerbepackte Rad kräftig ins Trudeln bringt. Aus Angst vor solchen Situationen möglichst weit rechts zu fahren, ist aber kontraproduktiv! Man verführt Raser damit, trotz Gegenverkehr schnell noch zu überholen. Weil man sich entweder erschreckt hat oder durch die Sogwirkung gerät man womöglich aufs Bankett oder in den Graben und stürzt. Nehmen Sie also ruhig den Platz ein, der Ihnen als gleichberechtigter Verkehrsteilnehmer zusteht!

Radfahrer dürfen auf Verkehrsstraßen nur in einer Gruppe ab 16 Fahrern nebeneinander fahren! Und dann auch nur zu zweit, nicht etwa zu dritt oder viert. Anderenfalls droht ein Verwarnungsgeld. Auf Fahrradwegen gilt diese Beschränkung zwar nicht, man darf aber andere durch seine Fahrweise nicht gefährden! In verkehrsberuhigten Bereichen, wo Autos selbst nicht schneller als Schrittgeschwindigkeit

fahren und auch nicht überholt werden dürfen, ist das nebeneinander fahren wiederum erlaubt.

Wichtig: Radfahrer gehören nicht auf den Gehweg, es sei denn, er ist als Radweg ausgewiesen! Auch hier wird eine Zuwiderhandlung mit einer Buße belegt - und wenn etwas passiert, ist man dran! Kinder dürfen bis zehn Jahre auf jedem Gehweg fahren und dort bis acht Jahre auch von ihren Radfahrenden Eltern begleitet werden.

Wenn aber ein Radweg ausgewiesen ist, **müssen** Radfahrer ihn benützen – auch Rennradfahrer!

Grundsätzlich verboten ist es, durch sein Verhalten den Verkehr zu behindern.

Tipps und Tricks beim Rad fahren

Sitzposition und Stellung der Hände

Eine bequeme Sitzposition ist gerade beim Radwandern wichtig, denn man verbringt ungewohnt viel Zeit auf dem Sattel. Rückenprobleme, pelzige, schmerzende Hände, verkrampfte Schultern und Nackenprobleme können die Folge sein.

Wer beim Radfahren Probleme mit den Handgelenken hat, sollte sich mit der Form seines Lenkers beschäftigten und seine Sitzposition überprüfen, denn beides muss aufeinander abgestimmt sein. Folgende Punkte sind zu beachten:

•Je flacher und gestreckter die Sitzhaltung, desto gerader kann der Lenker sein.

•Die Lenkerbreite sollte der Schulterbreite entsprechen.

•Die Handgelenke dürfen am Lenker nicht abknicken, weil sie so falsch belastet werden.

•Eine starke Rückenmuskulatur ist auch für die Entlastung der Hände wichtig, denn ist sie zu schwach, den Oberkörper zu halten, liegt zu viel Druck auf ihnen.

•Die Arme sollten leicht angewinkelt sein. Bei gestreckten Armen werden die Stöße bis in die Schultern geleitet, was die Gelenke der Ellenbogen und Schultern belastet.

Als Hollandrad bezeichnet man Tourenräder niederländischer Bauart, die sich insbesondere durch eine aufrechte Sitzposition des Fahrers auszeichnen. Fährt man ein Rad dieser Art, ist es wichtig, dass der Lenker nicht zu hoch eingestellt ist und die Handgriffe relativ nahe an den Körper heranreichen. Ein Rad mit zu hohen Lenkern lässt sich im Übrigen auch schwerer schieben – und Schieben ist bei einer Radreise immer mal wieder angesagt.

Bei einer aufrechten Sitzposition ist eine Sattelfederung sinnvoll.

Auf allen anderen Rädern sitzt man in geneigter Sitzposition bei einer S-Form der Wirbelsäule. Auch hier sollten die Arme leicht angewinkelt sein, um Fahrbahnstöße abzufedern und Hände, Ellenbogengelenke und Nackenmuskulatur zu entlasten.

Die Trittfrequenz

Die Anzahl der Tritte sollte idealerweise 80 bis 100 Pedal-Umdrehungen pro Minute betragen, und das unabhängig von der Fahrgeschwindigkeit. Das bedeutet, immer wenn man mehr Kraft einsetzen muss, um die Geschwindigkeit zu halten, wird geschaltet. Diese Technik, die oft von Frauen bevorzugt wird, entlastet Muskeln, Sehnen und Gelenke, was gerade bei Radreisen wichtig ist. Männer neigen schon mal dazu, einfach den Kraftaufwand zu erhöhen.

Die Trittfrequenz lässt sich mit elektronischen Trittzählern ermitteln. Das sind kleine Minicomputer, die man schon für ein paar Euro erhält. Hat man sich aber erst einmal die richtige Technik angewöhnt, benötigt man die Dinger nicht mehr.

Moderne hochwertige Pedelecs haben einen 'Bordcomputer', der auch die Trittfrequenz zählt.

Im Windschatten fahren

Gegenwind gibt es beim Radfahren immer, auch wenn kein Wind bläst. Doch kommt auch noch Wind dazu, wird es mit all dem Gepäck schon mal heftig.

Dann spart man Kraft, im Windschatten des anderen zu fahren. Bläst der Wind von vorne, fährt am besten der größere und kräftigere voraus - oder der, der das E-Bike hat. Dabei ist es wichtig, so dicht wie möglich am anderen zu fahren. Aber Achtung: Behalten Sie trotzdem die Straße und das Verkehrsgeschehen im Blick! Sind alle gleich kräftig, wechselt man sich ab. Kommt der Wind von seitwärts, fährt man, sofern man sich nicht auf einer Verkehrsstraße befindet, in entsprechender Aufstellung nebeneinander – der Kräftigere am Wind.

In bergigem Gelände fahren

Geht es um eine steile Kurve bergauf, tut man sich leichter am äußeren Rand als am steileren Mittelstreifen. Fährt man bergab, ist es gerade auf kurvigen Straßen nicht unbedingt klug, das Rad in einem Affenzahn laufen zu lassen. Man weiß schließlich nie, welche unangenehme Überraschung einen hinter der nächsten Kurve erwartet ... Hände gehören bei Abwärtsfahrten ohnehin immer an die Bremse, und in Kurven nimmt man den kurveninneren Fuß nach oben. Den Blick richtet man beim Schnellfahren auf den Punkt, wo man hinmöchte, sieht also nicht vor sich auf die Straße, sondern in weitere Ferne. So

bleibt man trotz der schweren Bepackung im Gleichgewicht.

In der Stadt fahren

Fahren Sie durch Städte, bedenken Sie, dass von
überall her Kinder, Hunde oder Fußgänger vor Ihr
Rad laufen können, die beim Gehen mit ihren Handys spielen, Lautsprecherknöpfe im Ohr haben oder
sonst wie abgelenkt sind. Ein herannahendes Auto
hören diese Leute vielleicht noch, einen Radfahrer
nicht. Und auch in der Stadt gilt: Deutliche Handzei-
chen geben und klingeln, wenn man sich Fußgängern
oder anderen Radfahrern von hinten nähert.

Abwehr von angreifenden Hunden oder anderen Tieren

Uns ist es noch nie passiert, aber man hört schon mal, dass Radfahrer von Hunden angegangen wurden. Das kann vor allem im südlichen Ausland passieren, wo Hunde halb wild leben und frei herumlaufen. Stehen bleiben, sich nicht bewegen, nicht schreien und dem Tier nicht in die Augen schauen ist die erste Option. Ein 'Verschwinde – hau ab!' mit tiefer, selbstbewusster Stimme ein zweiter Schritt.

Eine gute Möglichkeit, sich so einen Hund vom Halse zu halten ist ein kräftiger Spritzer aus der Wasserflasche. Hunde mögen das gar nicht und verziehen sich. Voraussetzung ist natürlich, man hat eine Trinkflasche, aus der sich spritzen lässt – bei Metallflaschen nicht möglich. Oder man führt für solche Fälle extra eine spritzfähige Flasche mit!

Im Handel sind zur Tierabwehr zugelassene Pfeffersprays erhältlich. Da Pfefferspray unter das Waffengesetz fallen, dürfen sie jedoch nur zur Tierabwehr und nicht zur Verteidigung gegen Menschen eingesetzt werden. Allerdings kann der Einsatz bei Notwehr und Nothilfe straffrei bleiben, sofern keine andere Möglichkeit zur Gefahrenabwehr bestand. Ich finde ich es jedoch sehr fragwürdig, gleich Pfefferspray zu verwenden, wenn einem ein keifender und kläffender nachsetzt – etwas Anderes ist es natürlich, wenn man sich in Lebensgefahr befindet. Beachten Sie auch, wenn Sie per Flugzeug ins Ausland reisen und Pfefferspray im Handgepäck mitführen, bekommen Sie große Schwierigkeiten.

Fotografieren und filmen unterwegs

Ich bin eine leidenschaftliche Fotografin und möchte auch auf Radreisen keinesfalls auf eine gute Kamera verzichten. Natürlich gibt es heute schon Smartphones mit erstklassigen integrierten Fotoapparaten. Macht man nur hin und wieder mal ein Foto, genügt das sicher. Will man aber seinen Radurlaub per Foto dokumentieren, braucht man einen Fotoapparat – schon weil man sie um den Hals hängen und sie so schnell zum Einsatz kommen kann.

Hier bieten sich die kleinen Powergeräte im Handtaschenformat an. Früher hatte ich für unterwegs die Lumix und war an sich sehr zufrieden damit. Aber sie ging mir zweimal kaputt. Danach stieg ich auf Canon um, hier habe ich mir die Powershot gekauft. Mit ihr komme ich auch gut zurecht, obwohl sie den Nachteil hat, dass man den Blitz selbst zuschalten muss. Das integrierte Teleobjektiv ist hingegen sagenhaft! Viel besser als bei meiner Spiegelreflexkamera, für die ich auch ein gutes Tele habe. Doch egal welche 'Kleine' man mitnimmt, gegenüber ihren großen Schwestern haben sie den Vorteil, dass sie leicht sind und um den Hals gehängt nicht stören, und dass man mit ein wenig Geschick mit solchen Kameras während des Fahrens fotografieren kann, also nicht immer stehen bleiben muss, wenn man mal ein schönes Panorama sieht, oder ein Fotomotiv am Wegesrand. Zuhause am PC kann man dann den Ausschnitt korrigieren und notfalls nachträglich einblitzen.

Immer beliebter werden auch Helmkameras zum Filmen. Doch Vorsicht, beim Kauf muss abgeklärt werden, ob es sich tatsächlich um eine Helmkamera handelt und nicht etwa um eine Fingerkamera oder Bulletkamera. Helmkameras verfügen nämlich über eine spezielle Hafthalterung, mit deren Hilfe sie an einer Seite des Sturzhelmes befestigt werden. Auch muss man nachfragen, was alles integriert ist, denn diese Geräte sind so klein, dass oft für internen Speicher, Display, Bedienelemente und Festbrennweite kein Platz mehr bleibt.

Leider bieten nicht alle kleinen Helmkameras eine zufriedenstellende Aufnahmequalität. Eine doppelte Bildrate mit einer Auflösung von 1280 x 720p ist zu empfehlen, da sie bei schnellen Fahrten und holprigen Wegen für ruhigere und ausgeglichene Aufnahmen sorgt. Auch sollte die Kamera wenigstens spritzwassergeschützt sein, besser aber noch wasserdicht.

Checkliste für Ihre Radtour

Nicht nur qua Gewicht muss man beim Radwandern sparen, sondern auch was den Platz betrifft. Klug gepackt ist halb gewonnen! Deshalb kaufen Sie im Drogeriemarkt die Minipackungen für unterwegs. Angefangen vom Spülmittel bis zum Shampoo gibt es fast alles klein abgepackt. Oder sammeln Sie Probepackungen. Für Cremes und Salben kann man in der Apotheke leere Salbentöpfchen in verschiedenen Größen bekommen, die 'kaum ins Gewicht fallen'. Da hinein füllt man all das in abgemessenen Portionen, was es nicht in Minipackungen gibt.

Das gehört in die Packtaschen

Kartenmaterial und Reiseführer
bei Auslandreisen Wörterbuch
Geld und Kreditkarte
Ausweise (eventuell auch Hundepass)
Krankenversicherungskarte, eventuell Auslandsversicherung und ADAC-Karte
Hotelliste und Liste mit anderen wichtigen Adressen
Fotoapparat mit Akkulader, Ersatzbatterie und zweiter Chip
Handy und Auflader
Ladegerät für Ihr Pedelec (E-Bike)

Taschenlampe

Werkzeugtasche, Ersatzschlauch, Gewebeklebeband und Flickzeug

Ketten, Schlösser und Spanngummis zur Sicherung von Rad und Gepäck

Rad- bzw. Sonnen- und Lesebrille

Sonnenschutzmittel (tägliches Auftragen ist wichtig)

Insektenschutzmittel

Sturzhelm

Kleidung und Schuhe

Wäsche / Strümpfe

Regenkleidung – Cape, Hose, Schuhmanschetten

Kappe gegen die Sonne beim Picknick bzw. für kalte Tage Stirnband

Eventuell Badekleidung und -handtuch

Schreibzeug für Notizen

Buch oder E-Book-Reader + Ladegerät

Unterhaltung für den Abend – z.B. Rätselheft oder Spielkarten

Für die Brotzeit unterwegs: Flaschenöffner / Besteck / ein Schneidebrett

Eine Brotbox, in der man Wurst oder Käse aufbewahren kann

Wasserflasche (Wasser nur dort abfüllen, wo es sich ganz sicher um Trinkwasser handelt, sonst lieber im Geschäft kaufen!)

Kraftriegel / Bonbons / Kaugummi für zwischen-
durch
Für die Körperpflege:
Alles, was in den Kulturbeutel gehört
Reisewaschmittel
Haarfön, Bürste und Haargummi
Waschlappen, Handtücher

Das gehört in die Reiseapotheke:

kleine Schere / Pflaster / Mullbinden und elastischen
Verband
Wunddesinfektionsspray
Homöopathische Tropfen Arnica C 30
Eine Salbe gegen Sitzprobleme (Apotheker weiß Rat)
Schmerztabletten
Durchfallstopper
Ein Mittel, um Stiche zu behandeln
Ihre Medikamente
Falls benötigt: Gelenkbandagen für Knie, Handge-
lenke oder Fußfesseln

Was tun, wenn ...

Erste Hilfe bei Verletzungen

Leider lässt sich nicht ausschließen, dass unterwegs etwas passiert. Möglicherweise ist man gerade irgendwo abseits von belebten Wegen und muss sich erst einmal selbst helfen können.

Hat der Verunglückte einen Schock, muss man ihn warmhalten, und ist er bewusstlos, darf er keinesfalls alleingelassen werden. Schwierig wird das in den Bergen, wenn man sich in einem Funkloch befindet und keine Hilfe rufen kann. Trotzdem wartet man besser, bis jemand vorbeikommt. Bei Verdacht auf Wirbelsäulenverletzung die Lage des Betreffenden möglichst nicht verändern, nur eine Jacke unter den Kopf legen. Bei Knochenbrüchen verletzte Gliedmaßen mit Jacken usw. umpolstern.

Schürfwunden und Prellungen

Nach Sturz Schürfwunden säubern, desinfizieren und mit einem Pflaster oder Verband abdecken. Verabreicht man zusätzlich Arnica in Form von homöopathischen Tropfen in einer Potenz von C 30, vermeidet man allzu hartnäckige Blutergüsse und kann man von einer schnelleren Heilung ausgehen. Die Tropfen jedoch nur einnehmen, nie auf die Wunde tröpfeln! Auch bei Prellungen, Knochenbrüchen und Gehirnerschütterung ist Arnika angesagt. Man verabreicht alle zwei Stunden 5 Tropfen, und das zwei bis drei Tage lang. Wichtig ist auch, verstauchte Gelenk immer wieder zu kühlen. Eis, in einen Plastikbeutel gefüllt, bekommt man im Gasthaus 'spendiert', wenn man dort einen Kaffee trinkt oder etwas isst.

Gehirnerschütterung

Verspürt man nach einem Sturz Übelkeit und muss sich vielleicht sogar erbrechen, hat man sich mit ziemlicher Sicherheit eine Gehirnerschütterung zugezogen. Dann darf man keinesfalls den Tapferen mimen und weiterfahren, denn so geht man das Risiko einer Gehirnblutung ein. In diesem Fall auf dem schnellsten Weg zum Arzt oder ins Krankenhaus!

Starke Blutungen stillen

Sie müssen mit Hilfe eines Druckverbandes gestoppt werden! Hierzu legen Sie ein möglichst sauberes, saugfähiges, nicht fusselndes Tuch über die Wunde, groß genug, um sie vollkommen abzudecken. Auf diese Auflage wird ein Druckkörper aufgepresst (z.B.

eine aufgerollte Mullbinde oder ein Stück Holz), der mit einem Verband fixiert wird. Dabei ziehen Sie den Verband so fest, dass sich die Form des Druckkörpers abzeichnet, dann verknoten sie ihn. Bei starkblutenden Verletzungen hat die Blutstillung Priorität vor der Keimfreiheit. Befindet sich die Verletzung an einem Bein, lagern Sie es höher als das Herz! Holen Sie schnellstmöglich einen Arzt! - Ebenso verfahren Sie bei Verletzungen Ihres Hundes.

Ein Knie fachgerecht verbinden

Muss man ein leicht blutendes Knie verbinden, mit dem man noch weiterfahren kann, legt man einen sogenannten Schildkrötenverband an. Auch hierzu decken Sie die Wunde mit einem möglichst sauberen, saugfähigen, nicht fusselnden Tuch ab und umwickeln es zum Fixieren ein- oder zweimal genau auf der Kniescheibe mit einer Mullbinde. Dann die Binde immer abwechselnd einmal nach oben und wieder nach unten wickeln – also einmal über dem Knie Richtung Oberschenkel, einmal unter dem Knie Richtung Schienbein. Dabei dürfen sich die Bahnen des Verbandes auf dem Knie jeweils nur um die Hälfte seiner Breite überlappen - in der Kniekehle kreuzen sie sich wieder.

Telefonnummern und Adressen für Notfälle

Telefonvorwahl

Festnetz 0049 International Deutschland / Mobil +49
Festnetz 0043 International Österreich / Mobil +43
Festnetz 0041 International Schweiz / Mobil +41

Falls Ihre Geldkarte verloren ging

Es gibt einen allgemeinen Sperr-Notruf, der aus dem In- und Ausland unter der Nummer (0049) 116 116 erreichbar ist. In Fällen, in denen der ausländische Telefonanbieter diese Nummer nicht verarbeiten kann, steht alternativ die 0049 3040504050 zur Verfügung. Sprach- oder Hörgeschädigte können unter der gleichen Nummer auch eine Sperrung per Fax veranlassen.

Speziell für Euro/Mastercard sperren unter Tel.: 0049-69-79331910 oder im Notfall als R-Gespräch: 001-314-275-6690

Speziell für Visa sperren unter Tel.: 800-819-014 oder im Notfall als R-Gespräch: 001-303-967-1096

Schweizer wenden sich bei Verlust oder Diebstahl von Karten, Dokumenten oder Handys (SIM-Karte) oder bei Zwischenfällen rund um Autoschlüssel und -radios an Tel.: +41 58 827 22 20 (rund um die Uhr).

Sperr-Notruf für Master Card (Schweiz): 0800 897 092

Österreicher wenden sich bei Verlust der Kreditkarte an folgende Telefonnummern:

0043 1204 8800 Sperr-Notruf für EC-/Kreditkarten
Visa: +43 1171111-770
Pay Life: +43 1717014500

Gut zu wissen: Wählt man im Ausland mit einem deutschen Handy eine Nummer, wird man nicht in einem deutschen Netz registriert, sondern in dem des Landes, in dem man sich befindet. Das Handy bekommt dann eine temporäre, ausländische Nummer zugewiesen, auf die die eigentliche, deutsche Nummer umgeleitet wird. Bei abgehenden Anrufen wird die temporäre Nummer durch die deutsche Nummer ersetzt. All das passiert GSM- netzintern, der Kunde bekommt davon nichts mit. Er kann aber im Ausland alle landesspezifischen Nummern wählen, auch gebührenfreie Nummern oder Sonderrufnummern, die nur im jeweiligen Land erreichbar sind. Das Anwählen einer Notrufnummer wird in diesem Fall genauso gehandhabt, wie bei einem inländischen Handy.

Pannen- und Notfallhilfe der Automobilclubs

Für Deutsche

ADAC - bei Fahrzeugschaden telefon-icon.gif +49 89 22 22 22
Bei Erkrankung und Verletzung telefon-icon.gif +49 89 76 76 76

Wenn Sie im Ausland unterwegs sind: In vielen Urlaubsländern betreibt der ADAC eigene Notrufstationen mit deutschsprechenden Mitarbeitern. An diese werden Sie automatisch von der Zentrale in München weiterverbunden.

Auch für Gehörlose und Sprachbehinderte hat der ADAC einen speziellen Service eingerichtet: Unter der Faxnummer +49 8191 938 303, die auch per SMS vom Handy aus angewählt werden kann, ist rund um die Uhr schnelle Hilfe sichergestellt. Falls Sie kein modernes Handy haben, müssen Sie folgende Nummer wählen:

D1 (T-Mobile) + 49 99 08191 938 303

D2 (Vodafone) + 49 99 08191 938 303

O2 (Viag Interkom) + 49 329 08191 938 303

E-Plus + 49 1551 08191 938 303

Für Österreicher

ÖAMTC

Tel: +43 12512000 – Notruf und Rechtsberatung.

Für Schweizer

TCS

Dringende Assistance-Anfragen rund um die Uhr: Einsatzzentrale ETI / Chemin de Blandonnet 4 / CP 820 1214 Vernier

Tel.: +41 58 827 22 20 / Fax +41 58 827 50 12 / E-Mail: eti@tcs.ch

Bei einem medizinischen Notfall im Ausland unverzüglich die ETI Einsatzzentrale benachrichtigen!

Radreisen mit Hund

Auf all unseren Radreisen hat uns unser Hund begleitet. Es mag einfacher sein, ihn für die Zeit des Urlaubs in liebevolle Hände abzugeben, und vielleicht wäre es für ihn zu Hause sogar 'entspannter' – andererseits gehört er zu Familie und hatten wir unterwegs immer viel Spaß miteinander.

Will man seinen Hund auf eine Radreise mitnehmen, gilt die Formel: Je kleiner er ist, desto einfacher.

Einen Hund, der so groß ist, dass er sich nicht einmal mehr in einem Anhänger 'verstauen' lässt, kann man keinesfalls mitnehmen. Zwei Erfahrungen, die wir selbst machen mussten, können wir als Argument anführen.

Bevor wir das Radfahren für uns entdeckten, hatten wir Pferde und unternahmen gerne Wanderritte. Auf einen dieser Wanderritte sollte uns unser Schäferhund begleiten. Doch bereits am ersten Abend mussten wir ihn nach Hause holen lassen, weil er sich auf Teer- und Schotterwegen die Pfoten wundgelaufen hatte. Damit hatten wir nicht gerechnet, denn auf unseren langen Ausritten zuhause war er ja auch immer dabei, und es hatte nie solche Probleme gegeben. Aber es macht eben doch einen Unterschied, ob ein Hund zwanzig oder fünfzig Kilometer läuft, und ob man ausschließlich Wiesen- und Waldwege nutzt oder auch auf Teerstraßen und Schotterwegen gehen muss.

Ein andermal fuhren wir mit unserem Sohn in Begleitung seines Irischen Wolfshundes auf unseren Rädern eine Stunde durch die Gegend. Irische Wolfshunde können eine Höhe von einem Meter erreichen und gelten als größte Hunde der Welt. In unserer Gegend sind viele Radwege geteert. Für uns Radfahrer ein wunderbarer Komfort – für den Hund endete es schlimm! Wieder zu Hause hatte er vier bis aufs Fleisch wundgelaufene Pfoten und musste tierärztlich versorgt werden. Zu so schweren Verletzungen kam es durch das enorme Gewicht des Hundes, das auf die Pfoten drückt, wenn er beim Lauf abbremst oder beschleunigt – der Teer wirkt dabei wie ein Reibeisen.

Unser jetziger Hund, er heißt Jack, ist eine Mischung aus Parson Russel und Jack Russel. Er hat eine Gesamthöhe von vierzig Zentimetern und passt sitzend gerade noch in einen Korb auf dem Gepäckträger. Auf unserer Innradtour war er fünf Jahre alt, gut trainiert und in bester Kondition. Da lief er täglich seine 25 bis 30 Kilometer – natürlich nicht am Stück. Zwischendurch 'musste' er immer mal wieder ins Körbchen oder in den Anhänger, vornehmlich dann, wenn wir auf Teerstraßen fuhren. Aus Erfahrung klug geworden nahmen wir zur Sicherheit selbstgefertigte 'Lederschuhe' für ihn mit. Doch sie kamen nie zum Einsatz, denn er ist kleiner und viel leichter als die großen Hunde, deshalb hat das viele Laufen seinen Pfoten nichts ausgemacht.

Das benötigen Sie fürs Radwandern mit Hund

Der Springer bzw. Läufer – eine Leinenvorrichtung

Unseren Hund können wir freilaufen lassen, aber es gibt Situationen, da gehört er an die Leine. Zum Beispiel im Wald, wo es Wild und manchmal auch schießwütige Jäger gibt. Wenn der Radweg durch ein Dorf führt, in Städten sowieso. Oder wenn man eben mal eine Gefahrenstelle passieren muss, zum Beispiel eine Verkehrsstraße überqueren.

Wie ein Blick auf § 28 der Straßenverkehrsordnung zeigt, dürfen Hunde von Radfahrern an der Leine mitgeführt werden – und zwar nur Hunde, also keine Schweine, Ponys oder sonstige Haustiere. Allerdings raten wir von der Leinenführung unbedingt ab und empfehlen stattdessen den sogenannten Springer, auch Läufer genannt.

Dabei handelt es sich um ein Gestänge mit kurzer Leine, die unter dem Sattel befestigt wird. An dieser

Leinenvorrichtung kann der Hund mitlaufen. Sie ist leicht flexibel, damit man durch einen Ruck

des Hundes nicht stürzt, jedoch so kurz, dass er nicht vors Rad laufen kann. So hat man immer beide Hände zum Lenken und Bremsen frei, was gerade auf einem schwerbepackten Rad lebensnotwendig ist. Leider passen viele der Vorrichtungen aber nicht an das kompaktere Sattelgestände eines Pedelecs. Hierfür mussten wir eine eigene Vorrichtung basteln.

Das Mitführen am Springer ist, wenn man es ein wenig geübt hat, einfach und in seiner Auswirkung optimal. Dieses Utensil kostet nur ein paar Euro, man erhält es im Tierfachgeschäft oder kann es im Internet bestellen. Wer es einmal benutzt hat, möchte es nicht mehr missen! Es gibt verschiedene Springer. Solche in U-Form, andere mit einem geraden Gestänge. Mit letzterem haben wir mit unserem kleinen Hund die besseren Erfahrungen gemacht. Für große Hunde ist die U-Form angebrachter.

Wenn Sie den Hund aber doch an der Leine mitführen, gelten folgende Regeln:

1. Die Leine keinesfalls ums Handgelenk schlingen oder ans Lenkrad binden, sondern lose in der Hand halten.

2. Die Leine kurzhalten, denn ist sie zu lang, kann der Hund (wenn er z.B. eine Katze auf der anderen Straßenseite sieht) vor dem Rad vorbeilaufen, und ein böser Sturz des Radfahrers ist die Folge.

Hundekorb oder Hundeanhänger – das Für und Wider

Da die meisten Hunderassen von ihrer Konstitution her nur vier Stunden am Tag aktiv sind, sollten sie unterwegs ausreichend Gelegenheit haben zu ruhen. Am besten können sie das während der Fahrt im Anhänger. Doch nicht alle Hunde lassen sich gerne in einen Anhänger verbannen ...

Für kleine Hunde wie Yorkshire Terrier oder Dackel ist der Gepäckträger- oder Lenkradkorb eine feine Sache. Es gibt ihn mit Gitter auf dem Korb oder einer faltbaren Stoffbespannung als Abdeckung, die an ein Cabrioverdeck erinnert. Diese Vorrichtung soll verhindern, dass der Hund rausspringen kann. Aber nicht nur zur Sicherung ist so eine Abdeckung auf einer Radreise sinnvoll, sondern auch um den Hund vor Sonneneinstrahlung zu schützen. Hat man ein Gitter, kann man darauf ein schattenspendendes

Tuch befestigen, bei einer festen Abdeckung erübrigt sich das Tuch.

Bei einem etwas größeren Hund bis zu 40 Zentimetern Gesamthöhe, wie zum Beispiel einem deutschen Jagdterrier oder einem Pudel wird die Sache schon schwieriger. In einem Korb mit Abdeckung kann er aufgrund seiner Höhe nicht mehr aufrecht sitzen. Er muss sich aber mal strecken können. Ihn in einem Korb mit zu niedriger Abdeckung mitzuführen, grenzt an Tierquälerei. Hier muss die Abdeckung abgenommen und der Hund zur Sicherheit angeschnallt werden (siehe weiter unten). Solange man nicht im Hochsommer und bei Mittagshitze fährt, wovon wir ohnehin abraten, ist das auch ohne Sonnenschutz okay.

Natürlich gibt es im Handel eine große Auswahl an Hundekörben fürs Rad. Doch ist der Hund etwas größer und passt nicht mehr in ein kleines Körbchen vorne an der Lenkstange, muss er auf den Gepäckträger. Doch dann erhebt sich die Frage, wie zusätzlich noch Gepäck mitführen?

Die Vorrichtung hierzu haben wir selbst ersonnen. Für ein befriedigendes Ergebnis mussten wir so viel ausprobieren, bestellen und wieder zurückschicken, dass wir den Tipp hier unbedingt weitergeben möchten.

Aufgebaut ist unser Konzept auf einen 'Fahrradkorb Rahmenmontage 66x48x44 cm', bestellt im Internet. Die mitgelieferte Halterung für die Rahmenmontage wird mit vier Schrauben an der Sattelstange befestigt. Dahinein werden dann zwei gebogene Stangen gesteckt, die in einer Trägerplatte münden. Auf dieser Platte ist ein Korb festgeschraubt. Das Gestänge steht ein Stück vom Gepäckträger ab, dadurch kann man unter dem Hundekorb noch Gepäcktaschen einhängen. Das ist wichtig!

Weil uns der Korb dann aber doch zu unstabil wirkte, haben wir ihn abgenommen, auf die Platte ein größeres Brett montiert und den Hundekorb auf das Brett geschraubt. In den Hundekorb legen wir unterwegs ein weiches und formbares Hundebett, das wir als Schlafplatz auch mit ins Hotel nehmen können.

Weil unser Hund 40 Zentimeter groß ist, haben wir das Abdeckgitter abgenommen und am oberen Rand des Korbes einen Eisenring angebracht, an dem wir einen kurzen Gurt mit je einem Karabinerhaken an beiden Enden befestigen. Das andere Ende wird ins

Brustgeschirr eingehakt. Wenn man keinen Leder-gurt bekommt, nimmt man eben eine dicke Kette von etwa 20 cm Länge aus dem Baumarkt. Hat man einen jungen, ungeübten Hund und will sichergehen, hängt man ihn nach diesem Prinzip zusätzlich auch noch vorne an. Dazu befestigt man vorne am Brust-geschirr einen starken Schlüsselring. Der Hund ist jetzt sicher angeschnallt.

Früher hatten wir statt des Korbes auch mal eine Einkaufs-Klapp-box auf das Brett montiert, weil er höher ist als der Korb und uns deshalb sicherer erschien. Aber unser Hund ist ein 'alter Hase' auf dem Sozius und benimmt sich ordentlich, und der Korb erschien uns dann doch etwas schöner als die Klappbox.

Man kann seinen Hund natürlich auch auf einem Vorderradgepäckträger mitführen. Solche Gepäckträger haben eine Traglast bis zu 16 Kilogramm, und sie können im Prinzip an jedem Fahrrad angebracht werden. Allerdings sind wirklich stabile Modelle nicht gerade günstig, und von Billigkäufen sollte man unbedingt absehen!

Tipp: Höhergelegte Modelle, bei denen der Gepäckschwerpunkt näher an der Lenkachse liegt, sind zu bevorzugen, da die Gewichtsverteilung optimaler ist und es keine bruchempfindliche Unterstrebe gibt. Siehe auch Artikel: Rad, Sattel und Inspektion.

Der Hund im Anhänger

Unser Hund lässt sich nur mit allergrößtem Widerwillen in einen Anhänger verbannen. Er ist ein agiler, neugieriger Kerl, und es stört ihn wohl, dass er so 'weggesperrt' nichts sehen kann und nicht wirklich dabei ist. Andere Hunderassen sind da relaxter. Ist der Hund größer als 40 Zentimeter passt er ohnehin nicht mehr in einen Gepäckträger-Korb, dann ist ein Anhänger unerlässlich.

Auch ein Hundeanhänger muss den Anforderungen einer längeren Reise genügen und für den Hund bequem und sicher sein. Dem Hund einer Freundin wurde im Anhänger regelmäßig übel - es war ihm nicht nur anzusehen, er hat sich nach den Fahrten auch immer wieder übergeben. Das änderte sich, als sie einen qualitativ hochwertigen Kinderanhänger gekauft hat.

Bitte lesen Sie zur weiteren Information das Kapitel: So muss ein Anhänger ausgestattet sein.

Mit dem Hund ins Hotel

Nicht alle Hotels akzeptieren Hunde. Deshalb sollte man auf jeden Fall vorab schon herausfinden, ob Hunde in der Gegend, in der man reist, gerngesehen sind oder eher ein Problem darstellen. In den Niederlanden und Italien haben wir diesbezüglich gute Erfahrungen gemacht. In Deutschland weisen sich neuerdings immer mehr Unterkünfte als 'Allergikerfreundlich' aus. Hier sind Hunde auf jeden Fall unerwünscht. Deshalb muss man schon bei der Hotelsuche darauf achten, ob Haustiere erwünscht sind.

Leider werden Haustiere meist extra berechnet, und das nicht zu knapp. Mit 10 bis 20 Euro pro Nacht (manchmal noch mehr!) muss man rechnen. Auf der Insel Lindau hat man uns sage und schreibe 35 Euro abgeknöpft.

Damit auch der nächste Hotelgast mit Hund willkommen ist, sollte man sich an einige Regeln halten.

1.Den Hund nur dann allein im Hotel lassen, wenn er nicht bellt oder jault. Bleibt ein Hund problemlos allein, ist er im Hotel sogar gut aufgehoben, denn vermutlich ist er nach einer anstrengenden Tagestour todmüde und will nur noch schlafen!

2.Ein Reisebett für den Hund mitnehmen, im Hotelbett hat er nichts verloren.

3.Ist der Hund unterwegs durch Schmutz und Morast gelaufen, Pfoten und Bauch abputzen. Stark haarende Hunde täglich durchkämmen.

Checkliste für den Hund

1. Sie benötigen für das Hotel ein Hundebett, das auch als Unterlage im Hundekorb bzw. im Anhänger gute Dienste leistet.

2. Hunde brauchen ihr gewohntes Futter, ein plötzlicher Wechsel verursacht häufig Magen-Darm-Probleme. Da es jedoch fraglich ist, ob man unterwegs das gewohnte Futter bekommt, sollte man entweder den gesamten Vorrat mitnehmen oder sich schon zu Hause informieren, in welchem Ort man das übliche

Futter nachkaufen kann. Das ist eine Gewichts- und Platzbelastung, aber zum Glück reduziert sich die Menge ja mit jedem Tag. Hat er ein gängiges Futter, das man überall kaufen kann, sollte man wenigstens zwei, drei Dosen auf Vorrat dabeihaben.

3.Als Fressnapf nehmen wir eine Plastikdose mit Deckel mit, denn sie ist leichter, als der Aluminiumnapf und kann mit einem Trockenfutterbeutel, den Leckerlis oder anderen Utensilien gefüllt werden. Nicht nur qua Gewicht muss man beim Radwandern sparen, sondern auch was den Platz betrifft. Klug gepackt ist halb gewonnen!

4.Wenn Sie mit dem Zug an- oder heimreisen, dürfen Sie einen Maulkorb oder ersatzweise ein Halti (Kopfhalfter) nicht vergessen.

Weiter gehören ins Gepäck: Leine und Laufleine, Pfeife, eventuell benötigte Medikamente, ein Löffel für die Futterdose, der Hundepass, ein Tuch zum Reinigen der Pfoten, Bürste, Zeckenkarte, ein Regenschutz. Letzteres vor allem dann, wenn er im Körbchen transportiert wird. Hundefutter und Leckerli. Auf Spielzeug kann man meist verzichten, weil der Hund nach Ankunft vermutlich nur noch schlafen will.

Maulkorb oder Halti

Sollten Sie mit Ihrem Hund im Zug oder Bus an- oder heimreisen, benötigt er einen Maulkorb, denn das ist Vorschrift. Ist Ihr Hund an einen Maulkorb gewöhnt, ist alles gut. Wenn nicht, besorgen Sie ihm stattdessen am besten ein sogenanntes Halti, im Handel auch 'Master Control' oder 'Kopfhalfter' genannt. Normalerweise wird dieses 'Kopfhalfter' als Lehrmittel für Hunde benutzt, die an der Leine ziehen. Man streift es über den Fang und schließt es im Nacken. Am Unterkiefer befindet sich ein Ring, dort hängt man das eine Ende einer Leine ein, das andere Ende am Brustgeschirr. Sobald der Hund am Kopfhalfter zieht, verengt es sich um den Fang, und der Hund kann nicht beißen. Das Halti wird von Ordnungshütern gewöhnlich als 'Maulkorbersatz' akzeptiert. Begeistert wird Ihr Hund von dieser Maßnahme nicht sein, aber das Halti bedeutet für ihn doch viel weniger Stress als das Tragen eines Maulkorbs. Am besten, Sie üben zu Hause das Anlegen des Haltis, um ihn schon einmal daran zu gewöhnen.

Werden Hunde ohne Maulkorb angetroffen, kann der Zugbegleiter den Hund aus dem Zug verweisen.

Bleibt der Hund im Zug in einer verschließbaren Reisetasche, braucht er keinen Maulkorb und auch keine Fahrkarte.

Wir hoffen sehr, dass wir Ihnen Anregungen und Tipps geben konnten und wünschen Ihnen eine gute Reise mit vielen unvergesslichen Erlebnissen. Wenn Ihnen unser Ratgeber gefällt, freuen wir uns über Ihre Empfehlung und eine positive Bewertung bei Ihrem Internethändler. Sollte Ihnen etwas nicht gefallen oder können Sie etwas beitragen und haben Vorschläge zur Verbesserung, setzen Sie sich bitte mit uns direkt in Verbindung: _info@by-arp.de_ Für Anregungen stehen wir gerne offen.

Was Sie in unserem Verlag sonst noch finden können

Radreisen-Ratgeber

Radreisen – Alles, was Sie wissen müssen
ISBN Buch: 978-3-946280-62-0
ISBN E-Book: 978-3-946280-61-3 / ASIN: B0848HM8WC

Weser – Elbe – Weser-Harz-Heide -
Drei Radfernwege zu einer Radreise zusammengefasst
ISBN Buch: 978-3-946280-67-5
ISBN E-Book: 978-3-946280-66-8 / ASIN : B08RYYVDRN

Der Innradweg auf zwei Rädern und vier Pfoten –
ein heiterer Erlebnisbericht mit vielen praktischen
Reisetipps für Mensch und Hund
ISBN Buch: 978-3-946280-58-3
ISBN E-Book: 978-3-946280-44-6 / ASIN: B01MS9LNHO

Reiseführer

Kreuzfahrt Madeira und Kanaren –
ISBN Buch: 978-3-946280-26-2
ISBN E-Book: 978-3-946280-34-7 / ASIN: B01F3STFFE

Cres und Lošinj -
ISBN Buch: 978-3-946280-54-5
ISBN E-Book: 978-3-946280-53-8 / ASIN: B07B8NRDL2

Krk –
ISBN Buch: 978-3-946280-17-0
ISBN E-Book: 978-3-946280-12-5 / ASIN: B017WDI53G

Amsterdam –
ISBN Buch: 978-3-946280-21-7
ISBN E-Book: 978-3-946280-04-0 / ASIN: B015WKTX8W

Avignon -
ISBN Buch: 978-3-946280-49-1
ISBN E-Book: 978-3-946280-48-4 / ASIN: B074C61QS5

Nürnberg -
ISBN Buch: 978-3-946280-18-7
ISBN E-Book: 978-3-946280-00-2 / ASIN: B015WKTUNU

München –
ISBN Buch: 978-3-946280-28-6
ISBN E-Book: 978-3-946280-29-3 / ASIN: B01NH9HJPM

Salzburg -
ISBN Buch: 978-3-946280-24-8
ISBN E-Book: 13: 9783946280019 / ASIN: B0158B5ZC8

Kopenhagen -
ISBN Buch: 978-3-946280-25-5
ISBN E-Book: 978-3-946280-03-3 /ASIN: B015D045U2

Danzig -
ISBN Buch: 978-3-946280-23-1
ISBN E-Book: 978-3-946280-06-4 / ASIN: B015WKTRA6

Sevilla –
ISBN Buch: 978-3-946280-22-4
ISBN E-Book: 978-3-946280-09-5 / ASIN: B015WKTK8K

Prag –
ISBN Buch: 978-3-946280-20-0
ISBN E-Book: 978-3-946280-08-8 / ASIN: B015WKTUNU

Trier –
ISBN Buch: 978-3-946280-36-1
ISBN E-Book: 978-3-946280-35-4 / ASIN: B01IDCGDES

Venedig -
ISBN Buch: 978-3-946280-19-4
ISBN E-Book: 978-3-946280-10-1 / ASIN: B015WKU1I8

Ratgeber

Von Trennung, Tod und Trauer
ISBN Buch: 978-3-946280-32-3
ISBN E-Book: 978-3-946280-02-6 / ASIN: B015D045U2

Angst überwinden und stark sein
ISBN Buch: 978-3-946280-31-6
ISBN E-Book: 978-3-946280-05-7 / ASIN: B015WKTRYW

So finde ich mein Glück
ISBN Buch: 978-3-946280-30-9
ISBN E-Book: 978-3-946280-07-1 / ASIN: B015WKTWRY

Die Holunderküche -
ISBN Buch: 978-3-946280-40-8
ISBN E-Book: 978-3-946280-11-8 / ASIN: B017WCDE1

Können Igel fliegen?
Alles, was Kinder über Igel wissen wollen
ISBN E-Book 978-3-946280-68-2
ISBN Buch 978-3-946280-69-9 / ASIN:B094NGBW6J

'Lesefutter' aus unserem Verlag

Perle aus der Hundefabrik
Acht berührende Hundegeschichten
ISBN E-Book: 978-3-946280-74-3
ISBN Buch: 978-3-946280-75-0 / ASIN: B0BKH23GK9

Mord mit Herz - Ronda Hendrikus
Acht Ladykrimis für zwischendurch
ISBN E-Book: 978-3-946280-13-2 / ASIN: B0182GC8JY

Verlorene Töchter - Ronda Hendrikus
Sieben Ladykrimis für zwischendurch
ISBN E-Book: 9783946280415 / ASIN: B01MSY9JRO

Cognac mit Schuss - Ronda Hendrikus
Acht Ladykrimis für zwischendurch
ISBN E-Book: 978-3-946280-15-6 / ASIN: B018K9SH16

Geliebter Mörder - Ronda Hendrikus
Sieben Ladykrimis für zwischendurch
ISBN E-Book: 978-3-946280-14-9 / ASIN: B018K9SV76

Seine letzte Bahnfahrt - Ronda Hendrikus
Neun Ladykrimis für zwischendurch
ISBN E-Book 978-3-946280-63-7 / ASIN: B088HGHVB6

Oje, du fröhliche … - Friederike Costa
Vierzehn Weihnachtsgeschichten
ISBN E-Book: 978-3-946280-16-3 / ASIN: B018UJZF8E

Oma, hast du Strapse? - Friederike Costa
18 Kurzgeschichten für Frauen im besten Alter
ISBN E-Book: 978-3-946280-37-8 / ASIN: B01LF7QIWK

Liebe süß und scharf – Friederike Costa
13 Kurzgeschichten mit Rezepten
ISBN E-Book: 9783946280422 / ASIN: B01N7K6FQN

Im Feuer der Liebe – Lina-Sophia Clement
Historischer Liebesroman
ISBN E-Book: 978-3-946280-52-1 / ASIN: B075CMT4X8

Die Liebe einer Königin – Lina-Sophia Clement
Acht historische Kurzromane
ISBN E-Book: 978-3-946280-55-2 / ASIN: B07CK7MSVT

Schokolade für die Liebe – Lina-Sophia Clement
Sieben historische Kurzromane
ISBN E-Book: 978-3-946280-56-9 / ASIN: B07F6XZ7KF

Tausend Sterne über der Wüste – Lina-Sophia Clement
Acht historische Kurzromane
ISBN E-Book: 978-3-946280-57-6 / ASIN: B07K6JDNNL

Die Tanztruppe vom dritten Stern rechts – Angeline Bauer
Jugendbuch – Ballett
ISBN Buch: 978-3-946280-73-6
ISBN E-Book: 978-3-946280-72-9 / ASIN: B0B8VSRR31

Literaturpreis Grassauer Deichelbohrer
33 Kurzgeschichten zum Thema NÄHE
Buch   - ISBN 978-3-946280-60-6
E-Book - ISBN 978-3-946280-59-0 / ASIN: B07YVD2K2P

Literaturpreis Grassauer Deichelbohrer
30 Kurzgeschichten zum Thema GEHEIMNIS
ISBN Buch: 978-3-946280-65-1
ISBN E-Book: 978-3-946280-64-4 / ASIN : B08JZC34M1

Und mehr - unter www.by-arp.de